母ハハハ!

夫婦のじかん

大貫さん

HAHA HAHAHA!

Fu-fu no Jikan

Ohnuki san

PARCO出版

ウチの旦那は夫であり
相方でもあります
私たちは夫婦でコンビを組んでいるのですが
元々は別々のコンビで10年くらい芸人として活動していました
そしてお付き合いも10年経った頃に結婚
平成27年7月7日が結婚記念日.
結婚式は挙げず新婚旅行とフォトウェディングを番組でやりました。
in Palau

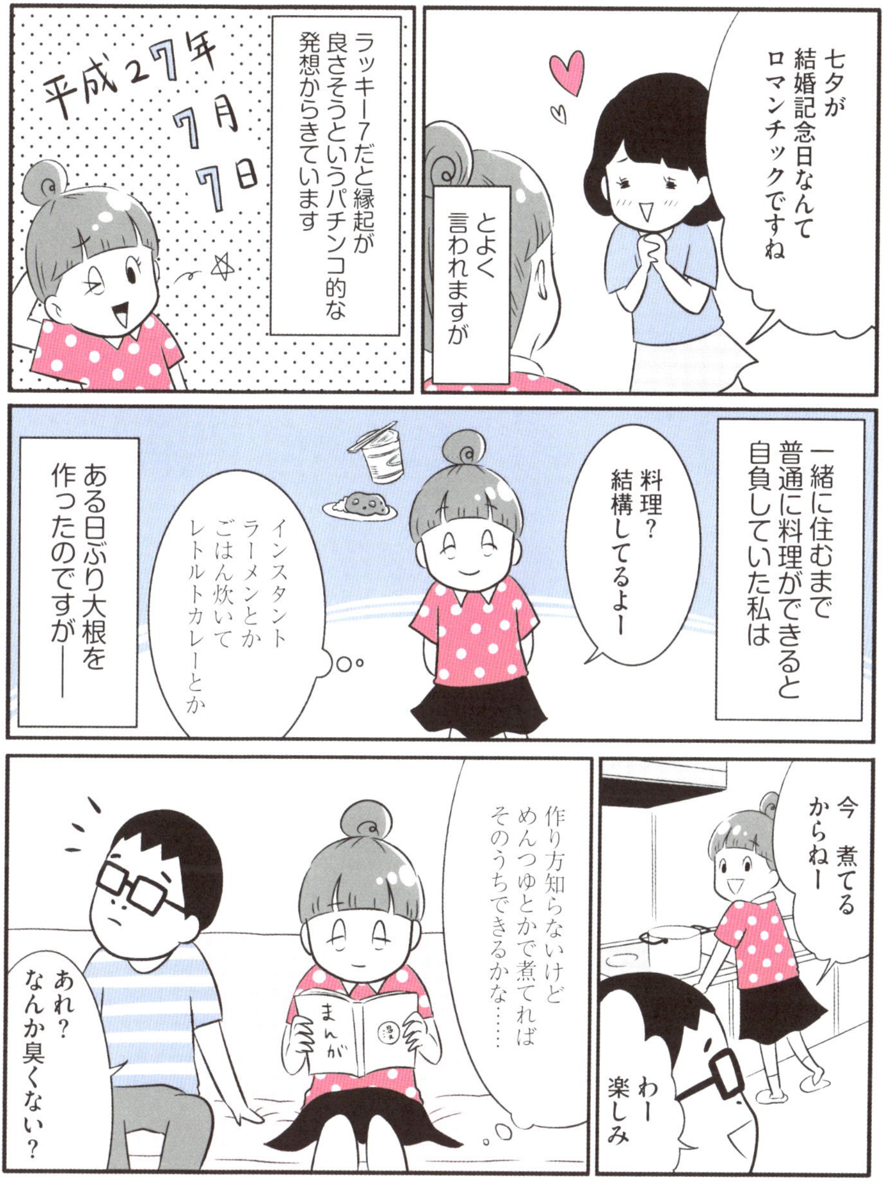
七夕が結婚記念日なんてロマンチックですね
とよく言われますが
平成27年7月7日
ラッキー7だと縁起が良さそうというパチンコ的な発想からきています
一緒に住むまで普通に料理ができると自負していた私は
料理？結構してるよー
インスタントラーメンとかごはん炊いてレトルトカレーとか
ある日ぶり大根を作ったのですが――
今 煮てるからねー
わー楽しみ
作り方知らないけどめんつゆとかで煮てればそのうちできるかな……
まんが
あれ？なんか臭くない？

うわ！すごい煙!!
熱っ
やばい！火事になるやつだコレ
死ぬ
大根を入れたはずの鍋の中には備長炭に酷似した見たことのない物体がありました
それ以来私は料理から手を引き家事全般を旦那が担当することに
そしてほどなくして私のコンビが解散し副業としてイラストレーターをしていた私は
家計を支えて旦那の芸人としての夢を応援するぞ!!
と決意したのでした
そんなある日――
ただいまー
解散しようって言われた

えっ
だから
コンビ組んで
え!!!
まさに青天の霹靂《へきれき》
こうして私たちは
夫婦コンビとして
活動していくことに
なったのです

芸歴10年目にして
コンビ歴1年にリセット
家でも職場でも
いつも一緒で
嫌になったりしないか
最初はとにかく
不安でした
しかしいつでも
ネタ合わせができるので
コーヒー飲んだらネタ合わせしよう
食後や寝る前の空き時間を
有効利用できます
時間の無いときは
移動の電車内や外食中にも
そのため――
もめてる夫婦だと
思われることも
しばしば

そしてコンビ結成から
1年が経ちようやく
仕事にも慣れてきました
ネタのストックも
できてきたし
仕事も少しずつ
増えてきたね
そうだねー
ってちょっと
待って！
いや確かにコンビ歴
1年だけど何悠長な
雰囲気出してんの⁉
芸歴1年目
じゃないんだよ⁉
10年だよ⁉
しかも
夫婦コンビ！
生活どうするの⁉
子供は？
ねぇ子供は⁉
そして
そんなある日―
妊娠‼
やった―――‼
と喜んだのも
束の間――
え……でも
コンビ活動
どうするの⁉
育児は？
生活は⁉
新たな不安が波のように
押し寄せてくるのでした……

母ハハハ！もくじ

登場人物紹介……10

1章 結婚編……11

旦那はブサイク芸人／ブサイク打合せ／結婚の挨拶への意気込み／結婚の挨拶での惨事／ささやき義母／現代の神田川／行きたいけども行けないこんな生活じゃ／驚愕のアニマル柄／婚約指輪より欲しいもの／結婚指輪を探せ！／コンプレックスを武器に／仕事も家事も育児も／旦那の癖毛コレクション／自毛の中高年／詐称疑惑／パーソナルスペース破壊／いい人or悪い人／体育会系長所／血液型診断／一蓮托生／田中圭に勝った男／旦那のポテンシャル／菅田将暉愛／気持ちを込めて自動再生／浮気しない旦那／結婚するとリセットする不思議／決意は鉢巻きに／組めば都／夫婦芸人の日常風景／節目の元気なご挨拶／誰も知る由もない／プレミアム夫婦／毎回灰になる／みんながんばってる

2章 2人暮らし編……35

ワタシ、悪いツマじゃないよ／みんなガンバレ／主夫御用達アプリ／やすあがり妻／肉当てクイズ①②／とにかく褒めて欲しい／sweet or salty／諭吉の出戻り現象／旦那任せの顛末／慣れないことをしたせいで／部屋が必ず片付く魔法／ラストシーンで気付く／旦那に厳しく自分に甘く／いらない一言／平和な責任転嫁／妻の意見は絶対①②／面積広めがゆえ／惰性でやってるミニコント／直線上の秘密／インパクトは大事／作家のじかん／忘れないもの／連チャン禁止／ピクニック旦那／存在感は人それぞれ／主夫は朝茹でる／夢の大人買いもらい／旦那の第六感／飲み会は自分で作るもの／旦那あそび／貧乏暮らしの必需品／キレたいだけの人／100円未満に目がない／組分け妻／優しい人だと思ってた／旦那の偉大さを知った日／夫婦の前世／スイングアドバイス／公称サイズは10年前／せめて3分我慢して／節約チェック妖怪／春待つ僕ら／家ロケの理想と現実／すぐにとは言ってない／厚揚げスペース豆腐／ソーセージスペースwiki／我が家のお財布事情／まるで仕事かのように

3章 妊娠編……75

妊娠初期症状…?/誕生日プレゼント/妊娠検査薬その後/会社への報告/実録「つわりとは」/安定期前の不安/妊娠報告するワケ/親の願いは1つ/旦那の良いところ/妊婦の怒りは時空を超えて/初めての胎動①②/三度見エコー/性別判明への道/ついに性別判明/一番クサい場所/新しい発見の日々/つわりの後に…/遠隔初詣/妊婦の飲酒欲/安定期の現実/マタニティフォト/出産ご予約はお早めに/お祝いベビー服のありがたみ/マタニティライフの夢と現実/八方塞がり妊婦/あるある有効活用/体内目覚まし/マタニティ感/なぜかわかる人/ペイフォワード/丸顔妊婦の悲劇/妊娠後期の金縛り/赤ちゃんの攻撃/カメ散歩/見知らぬ、天井/最終形態は臨月に/妊娠前の面影探し/むくみの朝

4章 出産・育児編……109

セピア色の思い出/聖水はコンビニにも売っている/むくみで極楽/産後は大忙し/産後の恩返し/かわいいだけじゃない育児/メロンパンくださいな/授乳の真実/産後の片隅で…/アリーナ席の母/授乳百面相/ゲームの有効活用/これが聞きたいんじゃない/乳児湿疹と母性/ポーカーフェイス ファニーフェイス/乳児湿疹の対義語/朝ドラと子育て/予防接種/予防接種2回目/旦那のしわざ/ワールドカップと息子/赤ちゃんのウンチ/スキを見てお風呂①②/クマ/母乳の目覚め/骨盤矯正のメリット/産後の骨盤矯正/産後の抜け毛/出産祝い/しなくていい世界になぁれ/産後の万能アイテム/かわいい/睡魔との戦い/初めての授乳室/夏の授乳室/たそがれ泣き/ぎっくり背中/結局いつもコレ/寝返り/泣きの対決/to be continued…

おわりに……158

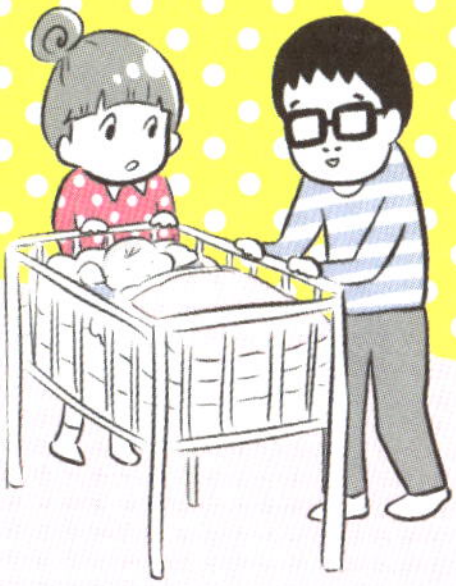

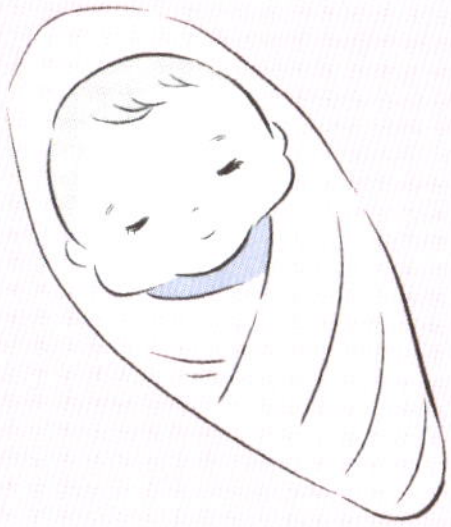

登場人物紹介

私

お笑いコンビ「夫婦のじかん」として旦那と夫婦コンビを組んでいる。芸名は「大貫《おおぬき》さん」。芸人のかたわら、イラストレーターとしても活動しており、家計を支えている。料理下手。味音痴。漫画・アニメ・ゲームオタク。

旦那

お笑いコンビ「夫婦のじかん」として嫁と夫婦コンビを組んでいる。山《やま》西章博《にしあきひろ》。芸人のかたわら、主夫として家事全般を担っている。得意料理は煮込み系。よしもとブサイクランキング3位に輝いたことも。

息子

2018年３月生まれ。食欲旺盛。離乳食ではカボチャが好き。月齢の割には体が大きい。

1章 結婚編

2人で初めて住んだ
家賃2万円の風呂無しトイレ共同の
超絶ボロ屋での貧乏同棲生活をはじめ、
結婚の挨拶、指輪選び、義父母との交流など、
付き合って10年で結婚に至った
夫婦のハハハ！なエピソード。

旦那はブサイク芸人

ウチの旦那は、いわゆるブサイク芸人です
旦那
よしもと ブサイクランキング 3位!! 山西
さ……3位…
無名のはずの旦那が…よしもとで3位……
本物認定されている…!!
でも人間顔じゃないよ 芸人なら尚更そうだ イケメンよりもブサイクの方が人の痛みがわかると思うし
と思っていたのですが…
母に初めて旦那を会わせた際こうなってしまいました
ほんっとブサイクだけどびっくりしないで!
私はそこまでは思わないんだけど世間的にはガチブスで…
母

ブサイク打合せ

以前、既婚女芸人として某番組に呼んで頂きました
打合せ中
既婚者としての意見を聞きたいんですが——
えっと…その…僕は全然思わないんですけど…旦那様がその…一般的に見たら…その…ブ…ブサイ…ク…といいますか…
そうなんですよー ブサイクランキングにも入ってて——
あっそうなんですね!で、そのブサイクな旦那と結婚して良かったこととかブサイク旦那ならではの悩みだとかあります?
ブサイクと結婚するとこんな良い事があるよとかブサイクと結婚して変わった事
ファースト「ブサイク」での遠慮が嘘のように「ブサイク」の連打が激しい…

結婚の挨拶への意気込み

結婚前——
何度もウチの実家に行ってるとはいえ結婚の挨拶はちゃんとしないといけないよ
もちろんそのつもりだよ
じゃあ休みを合わせて近々行こうか
数日後——
とはいったもののなんかめんどくさくなってきたな……
多分結婚反対ってことはないだろうし、栃木っていう微妙な近さに実家があるっていうのも逆にめんどくさい…
結婚の挨拶なんだけどグループラインじゃダメだよね？
絶対ダメ！

結婚の挨拶での惨事

いよいよ結婚の挨拶の日
くぅ〜ん
実家で飼ってるミニチュアダックス
父
まだまだ芸人としても未熟ですが今後も日々精進して参ります
こんな僕ですが娘さんを——
ワンワンワンワン
ワン
ワン
ワン
ワン
…あ、あの娘さんを
こちらこそ宜しくお願いします
ワン
懐いていた犬が突然旦那に激吠えし始め話途中で結婚の許しをもらいました
父

ささやき義母

結婚前
旦那のご両親と
食事をした際―
そろそろ結婚しようかなーと思ってるんです
あらおめでとー
今日は
ご馳走様でした
いえいえ～
大貫さん
ちょっと……
お義母さん→
？
ほんまに
章博でええの？
稼ぎも無いし…
もし他に誰か
いい人いたら
そっちいって
ええよ
えっ

現代の神田川

結婚前2人で初めて
住んだ家は
家賃2万円風呂無し
トイレ共同の
超絶ボロ家でした
○○ビル
極貧生活でしたが
サバイバル感覚で
楽しんでいました
銭湯通いの日々
帰るまでに冷えちゃう…
そんなある日―
冷たっ
寝ていると
雨漏りが顔に直撃し
目が覚めました
天井から滴り落ちる
雨漏りを見て
私は思いました
金金金金！
とにかく金だ！
金を稼がなくちゃ
お終いだ！と

行きたいけども行けないこんな生活じゃ

結婚前2人で初めて住んだ家は
風呂無しトイレ共同の超絶ボロ家でした
銭湯閉まっちゃって昨日お風呂入れなかったからなー今日は入らなくちゃ
あ、先輩からだ飲みに行こうって大貫さんも良かったらってさ
ザ・パンチ松尾さんから
え、行きたい！
…けどお風呂入ってないな……頭臭いかも……
そこで私は…
シュー
とりあえず制汗剤で風呂上がり感出そう
えっ
あれ…？ 余計ダメだ…ベタベタだ
松尾さんによろしく言っといてね…
結局飲みには行けませんでした

驚愕のアニマル柄

結婚前2人で初めて住んだ家は
家賃2万円風呂無しトイレ共同の超絶ボロ家でした
○○ビル
いろんな所から隙間風が吹き
外より寒い部屋でした
布団で寝ていたら凍死しそうだったので
こたつを強にして寝ていました
そんなある日——
?
えっ……足がヒョウ柄!?
後で調べると火ダコという低温火傷でした
その夜私は思いました
金金金金!金だ!金を稼がなくちゃお終いだ!と

タクシー（私のおごり）で帰ろうってなって
旦那が物凄く手前でタクシー停めるの

イラっとするね。

婚約指輪より欲しいもの

結婚前
えっ 結婚指輪と婚約指輪って別なんだ……
ざっし
給料の三ヶ月分っていうのが婚約指輪か〜…普段指輪なんて着けないのに結婚指輪の他に婚約指輪もなんて…着けないだろうし私には不釣合いだ……
こんなちんちくりんが指輪…
ざっし
結婚したら貯金だって共有財産になるしあんまり欲しくないものにお金使って欲しくないな……
それだったら最新の洗濯機とか欲しいし…でも婚約指輪欲しくない女って変人認定されるんじゃ…でも本当に欲しくないし……
婚約指輪とかいらないからもし買うんだったらゲームソフトとか漫画にしてくれない？それかケーキかお寿司
え？

結婚指輪を探せ！

婚約指輪は何とか防げたけどさすがに結婚指輪は無いとまずいか……
とは言え欲しいものがないんだよなー……
欲しくないものにお金払うっていうのがなー…
大好きなウニとか中トロのデザインの指輪があれば…でもオーダーする程ではないしな〜……
あ！
ドラクエの公式ショップで祈りの指輪あるからこれにする？それかセーラームーンの指輪もあるよ！
やだ

コンプレックスを武器に

将来さ 俺がハゲたら どうする？
う～ん……
そうだなぁ
ハゲネタやるしかないね
いや、そういうことじゃなくて

仕事も家事も育児も

オカンからテレビ観たって電話きたよ あんたもバイトしろって
家事してるって言ったの？
言ってない
家事も大変な仕事なんだからすごいことだよ？
でも……
オカンは仕事して家事もしてたし…子育ても……
それはもうほんと足向けて寝れないね
うん……

自毛の中高年

お正月に実家に帰ったら
母の髪型が変でした
モンチッチみたいな髪型になってるよ
伸びてきたけど美容院行くの面倒で自分で切っちゃった
モンチッチなんて失礼じゃない？
え、だって変だと思わなかった？
まぁ確かにきみまろみたいだと思ったけど…
一番失礼

旦那の癖毛コレクション

旦那の癖毛①「どんぐり型」
全体的に貼り付いている。海苔のような材質。風呂前は大抵これになる。
旦那の癖毛②「なすび型」
凄い勢いで横に流れている。毛量が増えたように感じる。発生条件は不明。
旦那の癖毛③「羽生善治型」
羽生名人を彷彿とさせる。典型的な形。朝は大体コレ。
旦那の癖毛④「ジェラート型」
一日中ハットをかぶっていた日に稀に発生するレアもの。パテで仕上げたようなキレイな山肌。

詐称疑惑

旦那に服のプレゼントを選んでいたとき――
うーん…サイズがわかんないなぁ
すみません……男性物のプレゼントなんですが……
いらっしゃいませ～
どのような体型の方なんですか?
えーと確か……身長は168センチって言ってたかな
じゃあ僕と同じですね
え! あ、じゃあ全然違います! 162です!
え?
162センチのデブです!

パーソナルスペース破壊

ちょっと買い物付き合って～
はーい
近いなぁ

いい人 or 悪い人

私って
いい人だと思う？
悪い人だと思う？
う～ん……
普通かな
えっなんで？
いい人ではないんだ…
だってボランティアしてる人と比べたらお金もらえる仕事しかしてないし
普通かな
ねえ、なんで？
なんでそんな規模で比べるの？

体育会系長所

私のいいとこってどこだと思う？
うーん そうだなぁ
料理も下手だし洗濯も任せきりだけど私だっていいとこあるよね……
家賃結構出してるし引っ越し代だって払ったし探せばある…あるはず……
ガッツ
……
…ガッツ？

一蓮托生

私ってかわいそうだと思う？
うん
かわいそうかな
えっ
なんで
だって
売れてないから
すごく
かわいそう
お前もな！

血液型診断

大貫さんがA型で山西君がB型なの？
POISON GIRL BAND 吉田さん
えー！逆っぽいよね〜
私ってBっぽい？
B型ってワガママとかマイペースって感じするけどな〜
え？
そうじゃん
えっ

田中圭に勝った男

ねぇ、私
田中圭と結婚が
決まってたんだよ？
それなのに
断ったんだよ？
もっと
褒めてよ！
でも
夢の話だから……

旦那のポテンシャル

え？
どうしたの？
何が？
何でもないよ
Winter Sonata
どうしたの？
何でもないよ
ウチの旦那は
平常時の変顔指数が
高めなので
何かあったのか
つい聞いてしまう

菅田将暉愛

もしも俺が
菅田将暉の見た目
だったら
芸人やってたかな～
う～ん…
芸人始めようとする前に
モデルとかにスカウト
されちゃうんじゃない？
確かにね
もし俺が
菅田将暉
だったらさぁ
結婚してた
かな～？
どうやら旦那は
菅田将暉さんに
物凄く憧れている

気持ちを込めて自動再生

旦那が出掛けるときは
気をつけてね
と必ず言うようにしています
潜在意識に働きかけることで実際に事故の確率を減らせるかというあれを実践しているのです
良い妻がここにいますよ。
ですが先日――
先に寝るね おやすみー
気をつけてね
…あ
私はいつの間にかリビングから旦那が出る際に「気をつけてね」と発するロボットと化していました

浮気しない旦那

作画 小山ゆう 原作 武田鉄矢 お〜い!竜馬 6
鳥山明 ドラゴンボール 40
作画 小山ゆう 原作 武田鉄矢 お〜い!竜馬 10
東村アキコ 東京タラレバ娘 2
作画 小山ゆう 原作 武田鉄矢 お〜い!竜馬 14
鈴菌カリオ 乙女ウイルス 3
作画 小山ゆう 原作 武田鉄矢 お〜い!竜馬 1
うめざわしゅん ユートピアズ
旦那は何故か「お〜い!竜馬」しか漫画を読みません

毎年誕生日の０時ピッタリに
おめでとうメールを送ってくる旦那。
機械化してるんじゃないかと
疑ってしまうほど正確です。

時間指定送信じゃなさそうなのにずっとピッタリ。
10年以上…。　私は…時々忘れます。すみません。

決意は鉢巻きに

結婚前――
結婚は？
なんで？
んー……まだかなぁ
「結婚願望がない」では、納得してもらえない。
結婚は？と聞かれたときの明確な答えが自分でもよくわからなかったので答えるのがだんだん億劫になってきました
貯蓄もできてきたしそろそろ結婚するかぁ
結婚後――
子供は？
子供は？
子供は？
子供は？
子供は？
子供は？
子供は？
結婚は？の10倍くらい聞かれる
コンビ組みたてなので子供はまだ考えてません。
いっそのことこういう鉢巻きしときたかった

結婚するとリセットする不思議

付き合って3年
えー3年ですか！長いですね☆
付き合って5年
ええ！5年!?長っ！
付き合って10年
ええっ
じゅ…10年…長いですね…
↑引いてる
結婚して2年
えーいいなぁまだ新婚さんじゃないですかぁ～♡

組めば都

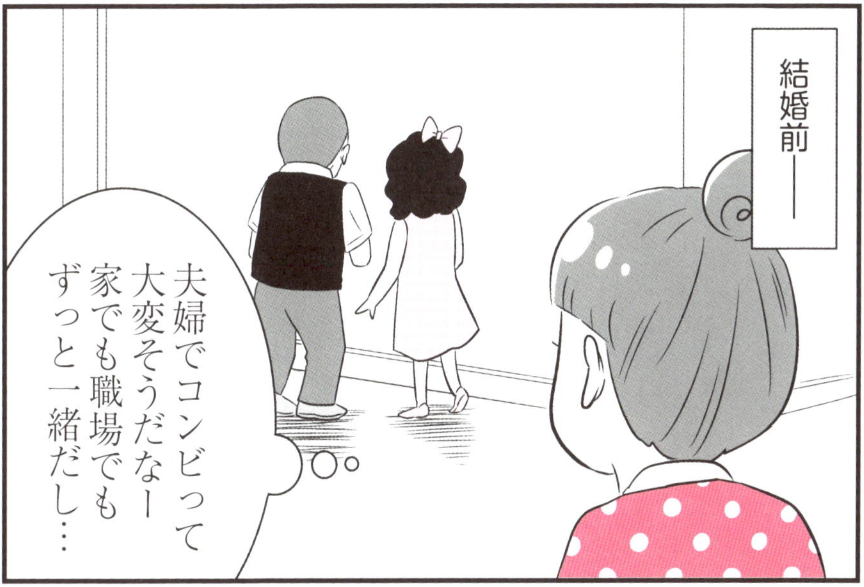

結婚前――
夫婦でコンビって
大変そうだなー
家でも職場でも
ずっと一緒だし…

結婚後――
籍も入れてないのに
よくコンビ
組んでられるなー

夫婦芸人の日常風景

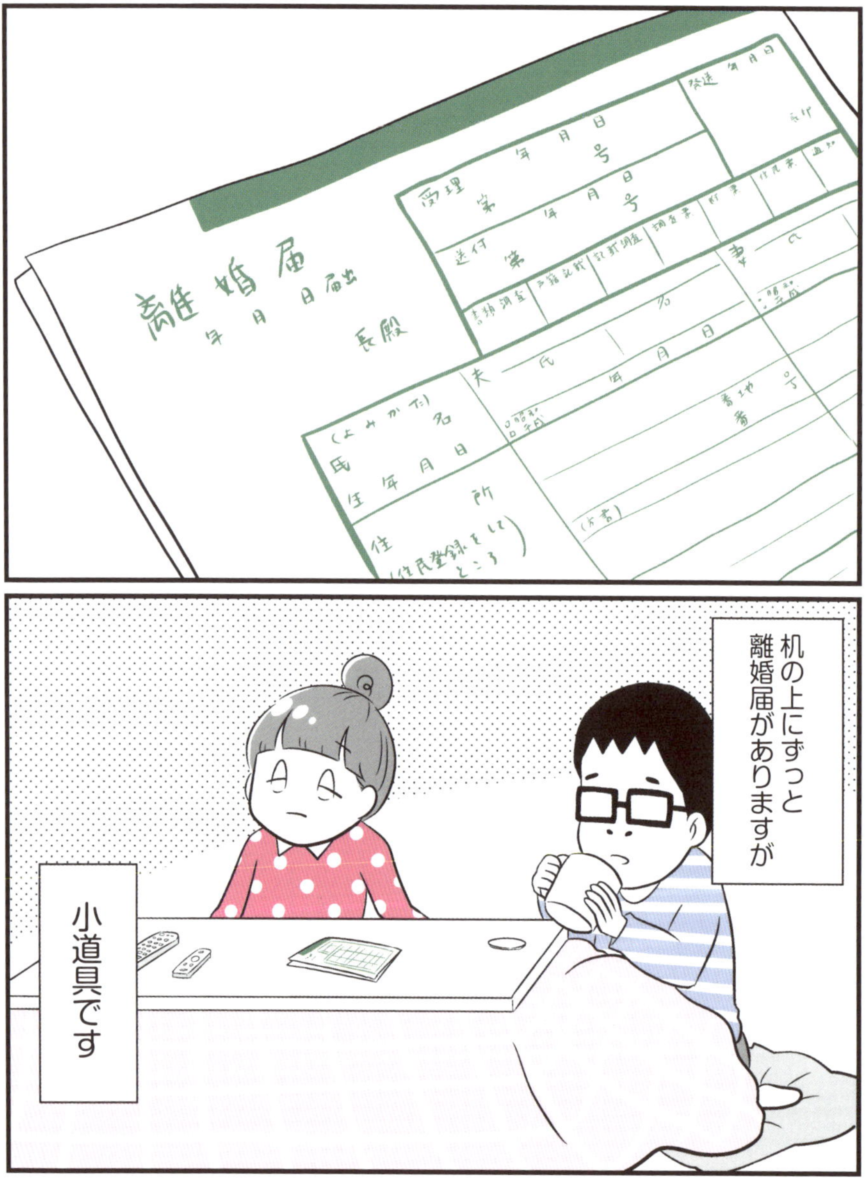
離婚届
机の上にずっと離婚届がありますが
小道具です

節目の元気なご挨拶

結婚後
大人になったなぁと
感じる瞬間……
それは——
母の日父の日
敬老の日のギフトを
手配しているとき
義実家
実家
全て旦那の名義で発送!!

誰も知る由もない

○○さんちは付き合った日に入籍したらしいよ
へ〜ステキだね
ところで私達の付き合った日いつだかわかる？
え？わかるよ？
逆に聞くけどわかる？
……え？わかるよ……
2人ともわかりません

プレミアム夫婦

プレミアムフライデーって何？
月末の金曜に仕事切り上げて遊ぼう的なのでしょ？
会社員じゃないし私たちには関係ないよ
そもそも根詰める程の仕事も無いいし
俺は金曜新喜劇出てたからプレミアムじゃない？
え？それ土曜じゃない？
え？
ていうか今日何曜日？
月曜でしょ
え？日曜じゃない？
曜日感覚無さすぎて毎日がプレミアム

毎回灰になる

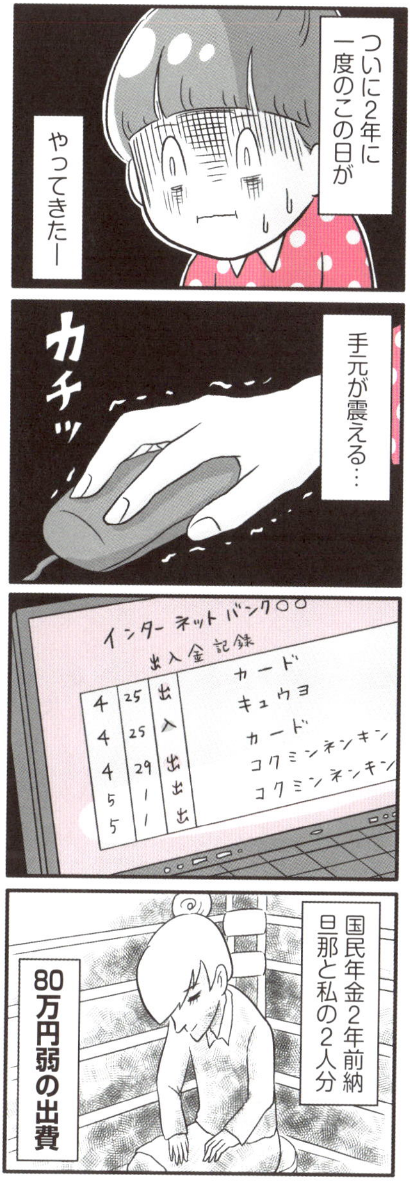
ついに2年に一度のこの日が
やってきたー
手元が震える…
カチッ
インターネットバンク○○
出入金記録
4 25 出 カード
4 25 入 キュウヨ
4 29 出 カード
5 1 出 コクミンネンキン
5 1 出 コクミンネンキン
国民年金2年前納 旦那と私の2人分
80万円弱の出費

みんながんばってる

旦那が結婚式へ出掛けて行きました
いってきます
私が昼過ぎに起きてくると
炊けてる
おかず
きちんとご飯が用意されていました
ああ……
いい旦那と結婚したな〜
と思いましたが、
結婚式用のスーツ買ってご祝儀代も用意してる私も褒めて！

12歳のときの自分に
「あんた将来この人と結婚するよ」
って言ったら泣くだろうな。

2章 2人暮らし編

芸人として活動するかたわら、
イラストレーターとして生計を立てる嫁と、
芸人として活動するかたわら、
主夫として家事全般を担う旦那。
まだ、2人だった頃の日常の様子や
芸人仲間との愉快なエピソードも。

ワタシ、悪いツマじゃないよ

私は料理が下手です
なのでウチでは旦那が
料理を作ってくれます
先日、旦那に
新しいフライパンを
プレゼントしました
ハイ
ありがとー
いいフライパンだと
料理の幅も広がるね
あれ？ この感覚…
どこかで同じような
ことがあったような
………
ドラクエだ
主人公に新しい
装備を買った時の
感覚と同じでした

みんなガンバレ

だんなは クックパッドを
つかった！
だんなは レベルがあがった！
からあげを おぼえた！
ツマは クックパッドを
つかった！
しかし なにも
おこらなかった…

主夫御用達アプリ

趣味が殆ど無いので家ではスマホをいじっていることが多い旦那
旦那のスマホを覗き見すると――
高確率で近所のスーパーのチラシアプリを見ています
冷凍食品
豚肉
298円

やすあがり妻

スーパーにて
挽肉挽肉…
牛
368
ブタ
268
牛より豚が安いかー
でも牛の方がいいでしょ？
違いわかんないから安いのでいいよ
……

肉当てクイズ①

旦那特製 ミートボールのトマト煮
このミートボール何肉でしょうか？
うーん…鶏？……豚？……牛かな…
どれ!?
ん～…豚!!
正解！よくわかったね
よく豚肉買うし近所のスーパー豚肉安くなること多いから
プロファイリングで当てるのやめて！

肉当てクイズ②

旦那特製塩ダレ炒め☆
このお肉何肉でしょうか？
うーん…鶏？……豚？……牛かな…
どれ!?
ん～…豚!!
不正解！牛肉でした～
え！なんで！昨日豚肉買ってたじゃん
またプロファイリングで当てると思って、牛肉も買ってたんでした～

とにかく褒めて欲しい

いつも旦那が家事をしていますが時々私も手伝います
先日はごはんを炊きました!!
どう?私が炊いたご飯
おいしいよ
昨日私が炊いたご飯おいしかった?
うん
こないだ私がご飯炊いたときどう思った?
1ヶ月くらいこうなります

sweet or salty

ハンバーガー屋にて
チリソーストッピングおいしいよ!
こっちもおいしいよ
それ何味?
……
しょっぱい味

諭吉の出戻り現象

旦那は時々
バイトします
ハイ
日払いでもらう
そして
稼いだお金を
私に渡してくれます
後日——
交通費が
無くなって
きちゃった……
結局
こうなります

旦那任せの顛末《てんまつ》

あ！何か郵便きてる
ぐりぐり
ぐりぐり
旦那に任せ過ぎてダイヤルロックの番号をついに忘れました……

慣れないことをしたせいで

ん？宅配ボックスに何か入ってる
BOX 5
ウィーン
旦那に任せきりだしたまには自分で取りに行くか
宅配ボックスカード
ヨイショ
はっ
鍵を持たずに行きオートロックに閉め出されました

部屋が必ず片付く魔法

部屋の片付けが面倒なときは――
ぐちゃ〜〜
好きな芸能人が部屋に来ると思って片付けるとはかどります
早くしないと森山未來が来ちゃう!
菅田将暉も来ちゃう!!
森山未來と田中圭が来ちゃう!

ラストシーンで気付く

地上波で映画鑑賞中──
この映画観たかったんだー
…あれ？
この映画前にも観たかも……
一人で観たんじゃない？俺観てないよ
一人では観ないけどな…
…………
あれ？この映画観たわ

旦那に厳しく自分に甘く

暑い……エアコンつけよ…
ダメ！
簡単につけてたら電気代すごいことになるでしょ！
しばらく後──
あー暑い
ピピピッ

いらない一言

さてと
まんが
スッ
漫画を持って席を立つと必ずこう聞いてくる旦那に毎回イラっとします
う○こ?

平和な責任転嫁

プ～
テレビテレビ
ブッ
テレビテレビ
我が家では、おならをしたらテレビの中の人のせいにするという謎のルールがあります

妻の意見は絶対①

あ！鼻ほじってる！
…ほじってないよ
ぐりぐり
ほじってない
えっ

妻の意見は絶対②

あ！鼻ほじってる！
…ほじってないよ
ほじってるよ
ほじってない
ほじってる ほじってる ほじってる
ほじってない
じゃあ、その指
なめてみてよ
鬼！

Husband's Roomwear.

LIVE STAND

Tシャツでヴィンテージ感を。
2007～2010，
大阪開催時の
Tシャツもそろえている。

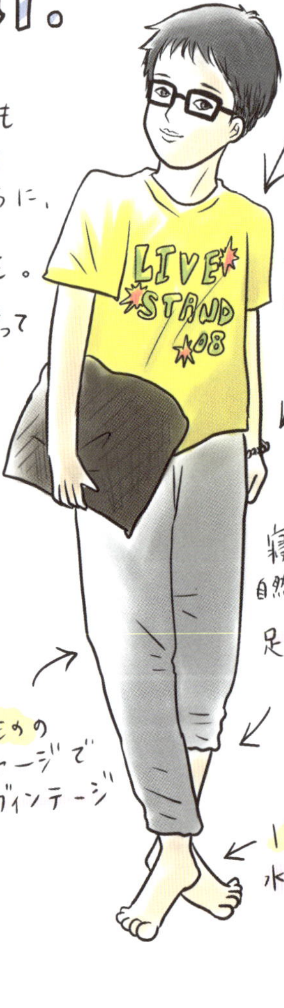

オロナイン
軟膏。

食器洗い後の
手荒れ防止に。
顔にもぬりたくる。

いつでも
横になれる
ように。

ソファーの
クッションを。
クラッチ風に持って
大人度UP！

初詣で買った
数珠。
at 豊川稲荷

ハートチップル
ニンニク強め。
お酒の
おともに。

寝て起きると
自然とロール
アップ。
足首見せで
足長効果。

クロレッツ
ガムの容器を
箸置き代わりに。

10年ものの
ジャージで
天然ヴィンテージ

1年中素足で
水虫対策

Wife's Roomwear.

Inner

実家から送られてきた謎の緑一色Tシャツ。チラ見せで差し色に。

Tops

牛角スウェット。
大学生の頃に働いていた牛角で、強制的に買わされたもの。
15年ものの天然ダメージ加工。

飲みかけのコップには、ほこりよけとしてティッシュを1枚。

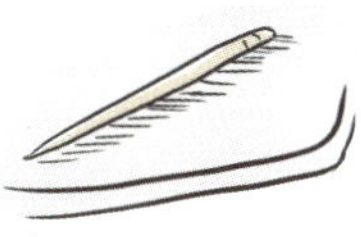

わりばしに入っていたつまようじをテーブルの端にキープ。

Bottoms

アディダスジャージ。
10年以上前に「キャプテンドミノ」という番組のシミュレーションのときにいただいたもの。
1クールで終わってしまった番組。

実家から送られてきたモコモコくつ下。
クロックスをはいてもギュウギュウになるくらいのモコモコ。

面積広めがゆえ

フキ
フキ
フキ
フキ
もしゃ
もしゃ
アゴの真ん中だけ
いつも拭き残す

惰性でやってるミニコント

最後の一個
食べる?
ううん
いらない
食べちゃって
いいよー
パクッ
あ、そう?
ワー
最後の一個を
食べていいと言うのに
食べられたら泣く
そんな謎のくだりが
我が家にはあります
・・・

直線上の秘密

インパクトは大事

「おののか」さんっていい芸名だよね
「の」が3つでインパクト大!!
芸名?本名じゃないんだ～
そうだよ!あ!そっか芸名ならー
私も馬《ば》場《ば》馬《ば》糞《ふん》子《こ》って芸名にしようかな
「ば」が3つ!インパクト絶大!!
「ば」が3つとかのインパクトの前に
馬糞がダメ

作家のじかん

ピロリン♪
トレンディさんのネタ作り行って来なくちゃ
今から?大変だね～
旦那は昔から時々トレンディエンジェルさんのネタ作りを手伝っていて
最近は作家としてツアーに参加したり普段のネタ作りにも参加しているのです
M-1の前日も3人でネタ合わせしてたもんな……
こんな風にすぐに出かけていく旦那に私はいつも思います
人のネタ作るのもいいけど、私のごはんも作ってくれ、と。
昨日の食べ残しドーナツ

忘れないもの

あ！もう納豆ないや
スーパーで買ってきて～
は～い
ただいまー
納豆買ってきた？
あ！忘れた！
え！
そして自分のビールは忘れない
Asahi
生
Asahi
生

連チャン禁止

トイレから帰ってきた
ふ～スッキリ
う～ん……私もトイレ行きたいけど…
臭そうだからもうちょい間隔空けて行くか
30分後――
ちょっとトイレ～
いや連続はナシでしょ!? こっちは待ってんだから!!
えっ何が？

ピクニック旦那

ラグマットを買って
まだ半年なのですが
旦那が座っている所だけ
汚れや毛羽立ちが
目立ちます
レジャーシート
敷いてくれないかな

存在感は人それぞれ

先日三瓶さんとウチでたこ焼きをやったとき――
あ！紅生姜買い忘れた！
三瓶さんに連絡してウチ来るとき紅生姜頼んでもらえない？
ていうかたこ焼きに紅生姜なんて入ってたっけ？
何言ってんの！入ってるよ！
印象無いなー無くてもいいんじゃない？
絶対必要！三瓶さんに聞いてみなよ！
さんぺいさん
山西が紅生姜を買い忘れたのですが紅生姜ってたこ焼きに入ってましたっけ？
紅生姜、大事だから！買っていきます！
そうなんだ

主夫は朝茹でる

ねぇ 起きてよ
…まだ眠い…
ねぇねぇ
今パスタ茹でちゃってるから起きて
え？パスタ？ 早く起きて！
大さん
鬼奴さん
ガハハ
ってことがあったんですよー
…あれ？私もこないだうどん茹でてるから起きてって言われた！

夢の大人買いもらい

以前、グランジ大さんが旦那と飲んだ帰り
そばでもゆでるか〜
私にお土産としてハーゲンダッツを買って下さいました
さすが妻帯者だな大さん妻の心を掴む術を知ってるなぁ〜
うま〜
そんなある日—
ただいまーこれ大さんがお土産にって
え!こんなに?
五千円分買ってくれた
大さん、お心遣いを通り越してこれは嫌がらせに近いです

旦那の第六感

○○って解散しそうじゃない?
そう?
なんかそんなオーラが出てる…
後日——
○○解散した!
●●って解散しそうじゃない?
そう?
うまくいってそうじゃない?
●●解散した!
旦那の特技——後輩コンビの解散千里眼

飲み会は自分で作るもの

とある現場にて
ラフコンさん この後何か あるんですか？
トリオの頃のラフコンさん。
何もないよ すぐ帰る
ヤスタケさん →
森木さん →
シゲさんはバイク帰宅。
そうですか 帰るんですか…
寂しいですね…
飯でも行くか？
いいんですか？ ヤッター！
これが噂の「山西の寂しい商法」です

旦那あそび

時々、旦那のことを勝手に別の名称で呼び出すというゲームをしています
ブタくん
料理中.
ブタくーん
おーい
ブタくん
ねー
ねーねー ブタくん
ブタくん ってば
ぐっぐっ
何？
認識した!!

キレたいだけの人

どこか行ってみたいところある？
ハワイかな
何言ってんだ！ハワイなんて行けるわけねーだろ！
この贅沢者が！
何か食べたいものある？
お寿司かな
何贅沢言ってんだ！寿司なんか食えるわけねーだろ！ クソでも食ってろ！
というミニコントが我が家で流行っていました

貧乏暮らしの必需品

先輩宅で飲んでいたとき
チーモンチョーチュウ
コンビニ行くけど何かいる？大貫さんは？
白井さん
サタンマリア
大貫さんの好きなものは把握してますからね僕が選んで来ますよ
じゃあソフトドリンクお願いー
10分後――
はい！これいつも買ってるやつ好きでしょ！
お茶
うんいつも買ってる
でも好きなんじゃなくて安いから買ってるんだ☆

100 円未満に目がない

あれ？
この抹茶プリン
また買ったの？
うん
安かったから！
69円
このコーヒーは？
79円
このお菓子は？
69円
だったから
100円以下だと
何でも買ってしまう旦那は
例え生ゴミが30円で
売っていたとしても
買ってしまうのでは……

優しい人だと思ってた　　　　組分け妻

組分け妻

USJにて ハリー・ポッターの チョコレートを 買ってきました
グリフィンドール
スリザリン
校章
レイブンクロー
ハッフルパフ
ホグワーツ魔法魔術学校の それぞれのクラスの旗をモチーフにしたチョコ。
じゃあ私は グリフィンドールの 食べよう
ハリーたちのクラスだしね。
はい スリザリン
次は レイブンクローかな
はい スリザリン
旦那は常に スリザリン

優しい人だと思ってた

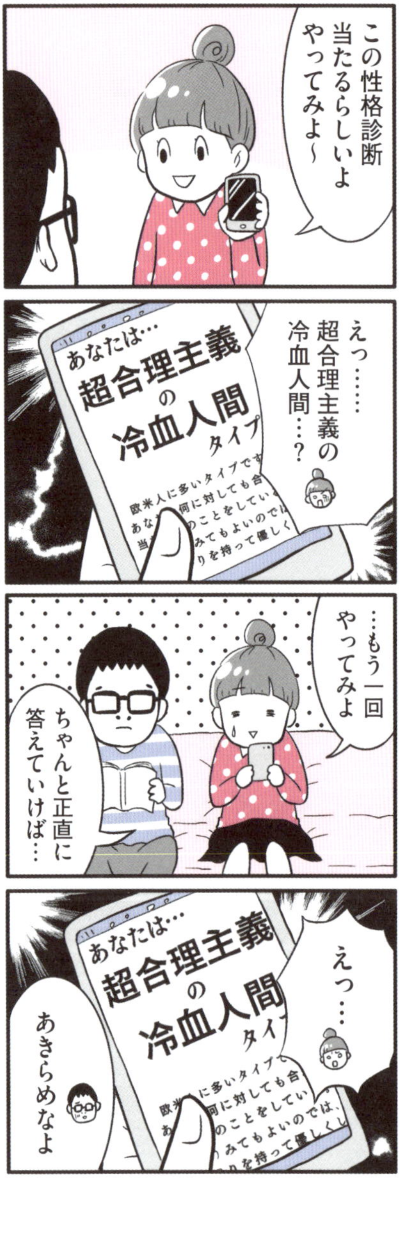
この性格診断 当たるらしいよ やってみよ〜
あなたは… 超合理主義 の 冷血人間 タイプ
欧米人に多いタイプです
えっ…… 超合理主義の 冷血人間…？
…もう一回 やってみよ
ちゃんと正直に 答えていけば…
あなたは… 超合理主義 の 冷血人間
えっ…
あきらめなよ

旦那の偉大さを知った日

仕事終わり――
先輩から飲みに誘われた～
行ってきな～
帰り一人か……乗り換えを間違えないようにしないとな…
ぼ～～
ハッ
乗り過ごした！
そして乗り換えた後もまた乗り過ごしました

夫婦の前世

夫婦で占いに行ってきました
奥さんの前世はね平安時代ね
琴とか物書きとか芸術をやってた女の人ね
へ～
旦那さんはね…えっと…これは…
ロシアだねロシアの…
コサックダンサーだね
えっ

Convenience Coordinate

コンビニへ買い物に行くときのコーデを大公開!!

Hair

寝グセ&ボサボサ隠しの手ぐしおだんごヘアー。帽子をかぶるのもOK。

パーカーのチャックを上まで閉めることで中にどんなに変な部屋着Tシャツを着ていても大丈夫!!
寒くなってきたらユニクロのフリースもオススメ。

コンビニから帰ってきたら、財布は必ずいつも使ってるバッグへ戻しましょう。財布を忘れて出かける原因になります。

ジャージの上からスカートをはき、ジャージをひざ上までまくり上げることでまるでスカートしかはいてないみたいに。コンビニから帰ってきたときジャージにはきかえる手間が省ける。

スリッポンやクロックスなど3秒以内ではける靴。

独身時代はめちゃくちゃ買うのに結婚すると全く買わなくなるお茶。

どん兵衛特盛り

めちゃくちゃうまい。が、食後に後悔する。

カバヤのピュアラルグミ。

うますぎ。2倍の量入っててほしい。すぐ食べおわっちゃう。

スイングアドバイス

旦那がゴルフを始めました
おしぼり
HOT COOL
なんかもうちょっと脇締めた方がいいんじゃない?三角作る感じで
弧を描く感じでさスライスした感じになっちゃってるし
え?ゴルフやってたの?
……
みんゴルだけね

※みんゴル…大人気ゲーム「みんなのGOLF」の略

公称サイズは10年前

ドラマの現場にて——
衣装のパンツこれでお願いします
…あの…少しキツイです…
あ…じゃあこっちで
すみません…これも……
じゃあこちらで
すみません…これも……
4回目でやっと決まりましたダイエットせねば

せめて3分我慢して

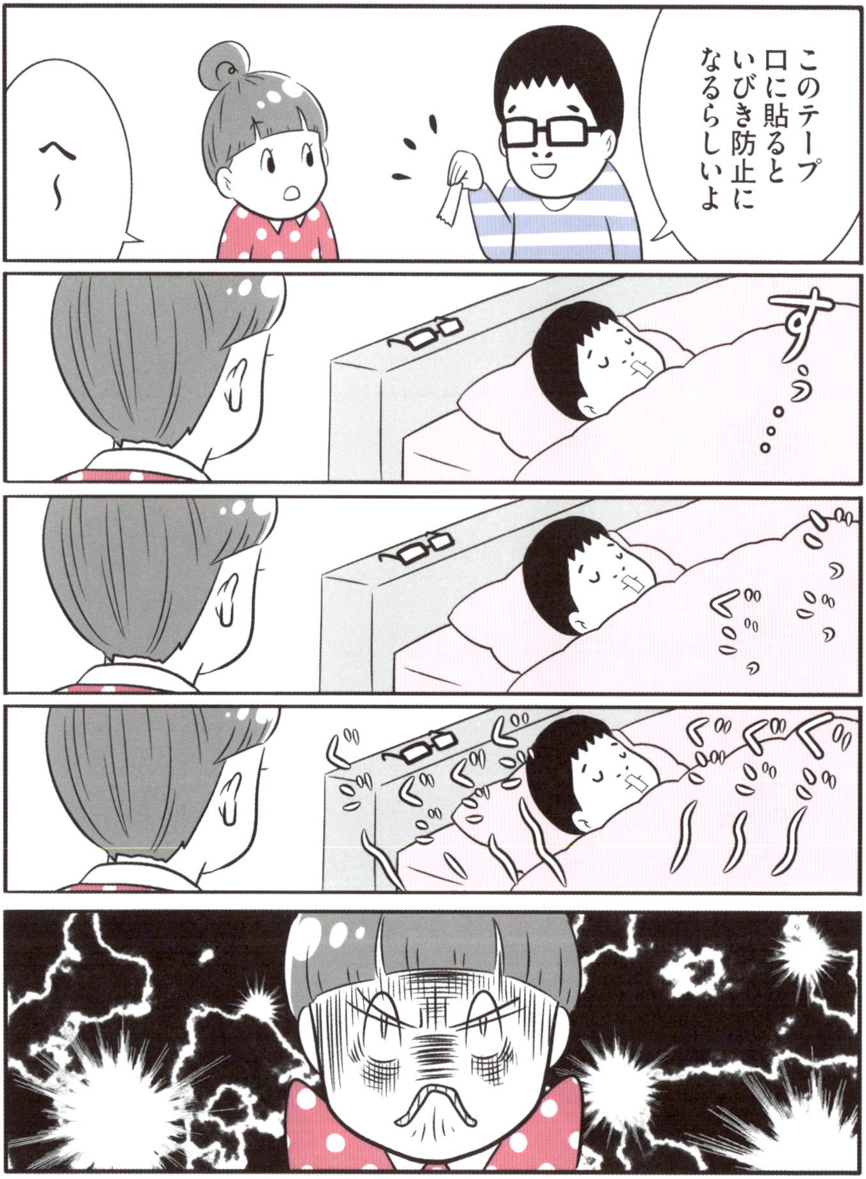

このテープ口に貼るといびき防止になるらしいよ
へ〜

節約チェック妖怪

私はチェックを怠らない
シャワーからお湯が出てくるまでの時間に風呂場を磨く約束を旦那がちゃんと守っているかどうかを……

春待つ僕ら

夏
山西さんってすごいですよね？番組で自宅ロケしたいんですが大丈夫ですか？
マネージャー
あーはい大丈夫です
冬
自宅ロケずっと待ってます

家ロケの理想と現実

とうとう我が家にロケが来ました
ロケが来るまでにちゃんと片付けたいね
片付けてしかもオシャレにしたい
ロケ当日――
ぐちゃ〜
結局テーブルの上片付けて掃除機かけるだけで終わりました
ど…どうぞ

すぐにとは言ってない

あー洗濯物取り込まなくちゃ
今日仕事でしょ？やっとくよ
さてと
動き出すまでに**5時間**

厚揚げスペース豆腐

ここのお店の厚揚げおいしいんだよ～
ふ～ん
パクッ
もぐもぐ
まー確かにおいしいけどさ～コレ厚揚げっていうか
豆腐っぽくない？
えっ
え？
私はつい先日まで厚揚げが豆腐からできているという事実を知りませんでした

ソーセージスペースwiki

こないだ鬼奴さんと大さんちで食べたお鍋おいしかったね～
うん
ソーセージもすっごく美味しくてさ～
なんか燻製にしたみたいな味がしてホントおいしかった！
……え？
ソーセージってほぼ燻製だよ？
この後すぐに「ソーセージ」のウィキペディアを見ました
……え？

我が家のお財布事情

居酒屋にて
お会計お願いしまーす カードって使えますか？
あの～ なら婚観てました 頑張ってください
あ…はい ありがとうございます！
なんかかっこ悪い所見られちゃったな 女の人にお金払ってもらっててさ
そんなことないよ 結婚してるんだから女の人が旦那さんのお金管理してる場合もたくさんあるでしょ
まぁそっか！
ウチは違うけどね！

※なら婚…結婚バラエティ番組

まるで仕事かのように

あれ～ 繋がらないな～
出ない……
どこに掛けてるんだろう……
番号間違えたかな～
ミヤネ屋の純金プレゼントに必死に応募していました
純金プレゼント
えーと 0180 ……

副業で
イラスト業を
始めたきっかけの
お話です
若手芸人でイラストが
得意な人は大変な目に
遭いがちです
あのー　この前の
イラストの
ギャラって……
あー　あれ
ノーギャラです
え…
今の時代はちゃんと
イラストのギャラを
貰えるみたいですが
芸人になりたての頃は
ノーギャラばかり
ま…また
ノーギャラ…
2週間
掛けても
直し3回
やっても
ノーギャラ…
そして私は
思い立ちました
あたいプロになる！
自分の価値を
世の中で試してみる！
そしてその後
漫画賞で入選したり
覆面
イラストレーター
CM絵コンテ、グッズ
制作、ゲームアプリ
等々、徐々に仕事が
増えていきました
生活も安定し
夫婦二人
イラストの稼ぎだけで
食べていけるように
なりました
これならプロって
言ってもいい…かな？
夜な夜な
ネットバンクで
残高確認
する日々
PC
が、

私の考えは甘かった
プロのイラストレーターになったところで芸人として描いた絵はいつまでもいつまでも軽んじられ続けるのでした
明後日収録入りそうなんですけど……
マネージャー
明後日までにイラスト描けます？
え！明後日？
いやむちゃくちゃなスケジュール！
明後日って打ち合わせ無しですか？
カットされないですよね？カットされないなら大急ぎで描きますが！
後程台本を読み——
これ…カットされる可能性ありますよね？
台本
されないよう言っときますので！
収録当日——
キツかったです…カットしないでね…
超絶寝不足
マネージャー
言っときます…
2週間後——
プルルルルル
はい
大貫さん 先日のイラスト描いてもらった収録なんですが——

カットになりました

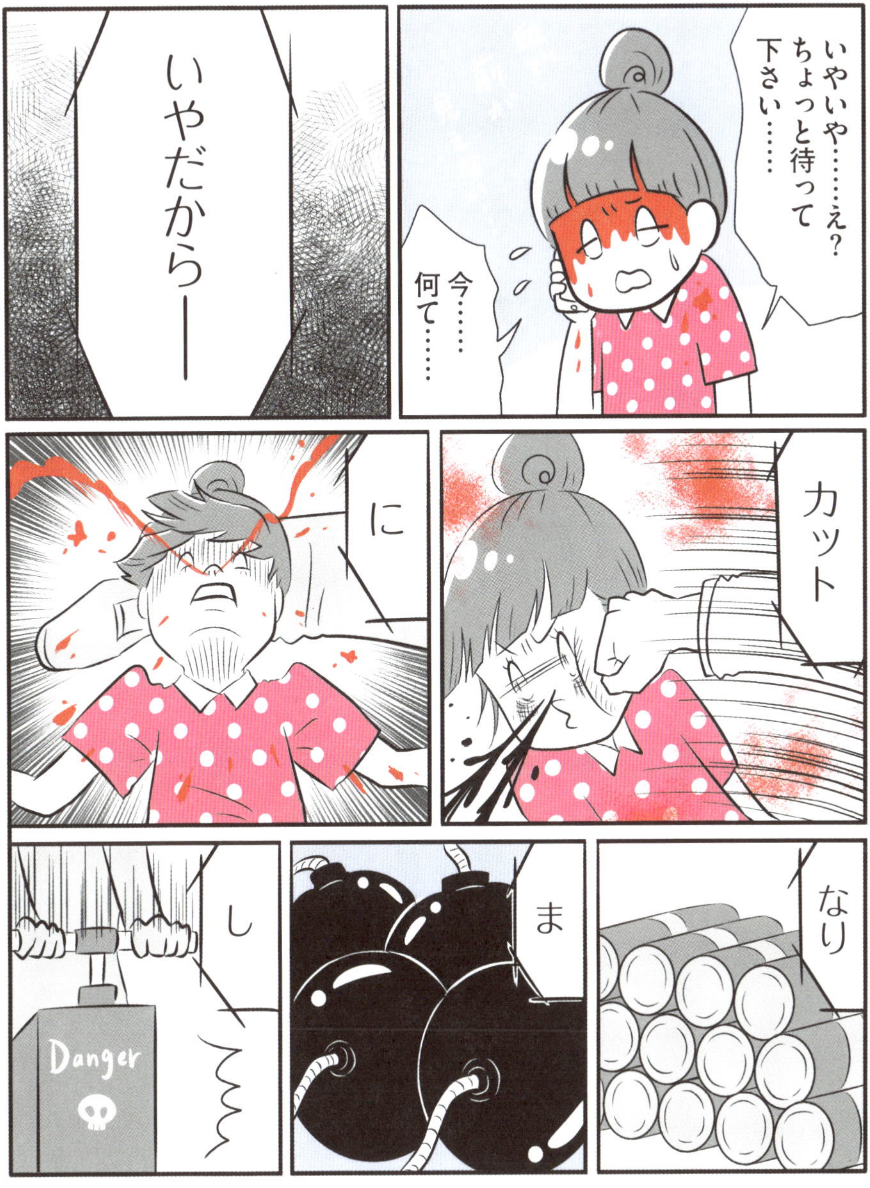
いやいや……え？
ちょっと待って
下さい……
今……
何て……
いやだから一
カット
に
なり
ま
し

た

私は大学でリスクマネジメントという勉強をしました。
イラストの仕事を始めた際、経営学の基本として
勉強したリスクマネジメントやマーケティングなどは
私にきちんと利益をもたらしてくれました。

しかし、こと「芸人のイラスト」という分野では
リスクマネジメントなどという机上の学問は
全く意味を成さないのです。

私は愚かでした——。
一個人事業主として立ち向かうには
敵はあまりに強大で無秩序でした。
「芸人のイラスト」分野から撤退するか、
経営コンサルタントを雇うべきでした。

弱者は労力と時間を搾取《さくしゅ》され、
涙で枕を濡らすのです。
私も、旦那がスーパーへ
買い物に行っている隙に泣きました。

そしてその後ドラえもん名言集をネットで検索し、
なんとか正気を取り戻したのでした。

めでたし
めでたし。

こ……
子供がほしい……
たまのように
かわいい
子供が……
そう……
ドラえもんの
ような
かわいい
子が……
ロボットって
こと？

3章 妊娠編

初めての妊娠は驚くことばかり。
聞いていた話と違う！という現実に振り回され、
十《と》月《つき》十《とお》日《か》どころか10年もの長さに感じられる日々。
つわり、つわり、つわり……、とにかくつわり!!
出口の見えない〝つわり地獄〟に悩まされながらの
不安と希望に満ちたマタニティライフ。

誕生日プレゼント

今日誕生日かー…30歳過ぎると特に嬉しくもないなー
何か欲しいものないの？
最近物欲も無いしな～…
欲しいもの欲しいもの…
あ！赤ちゃん！今一番赤ちゃんが欲しい！
妊娠検査薬買ってこようかな！
そしてその夜
にににに妊娠してる～!!
一番の誕生日プレゼントになりました

妊娠初期症状…？

あーダルい……体調悪い～……
なんかの病気かな……検索してみよ…
微熱や眠気は妊娠の初期症状…!?
そういえば生理が数日遅れてるかも…
病院
妊娠してるかもしれないので……
じゃあ妊娠中でも飲める薬出しますね
数日後――
全然 妊娠してなかった！
恥ずかしいからしばらくあの病院行けない★

妊娠検査薬その後

誕生日に発覚した妊娠――
記念となった検査薬は大事に取っておきました
判定
写真を撮ってみたり
ポーズをとってみたり
グリコポーズ
カシャ
カシャ
カシャ
一通り試した後部屋の片隅に大事に保管していました
ティッシュに包んで空き箱に入れて保管
数ヶ月後――
汚ねっ！カビてる！
検査薬は早めに捨てましょう
ゴミ箱

会社への報告

妊娠発覚後
安定期までまだ先だけど……
妊娠したこと会社に言った方がいいのかな……
言っといた方がいいんじゃない？仕事の内容によってはできないものもあるし
う～ん……なんか嫌な予感がするから
とりあえずは「妊活」って言い方でマネージャーには伝えとこうか
翌日――
マネージャーさんから聞きましたよ！今妊活してるんですよね！
大声
言わなくて大正解

実録「つわりとは」

起床――
気持ち悪い……
通常の朝の体力ゲージがこれくらいだとすると
まんたん
つわりの朝のゲージはこれくらい
とにかく何か胃に入れないと気持ち悪いので食べる
具無し冷やし中華しか食べられなかった。
食べたら食べたで気持ち悪い……
うっ
襲い来る吐き気
独自の作戦で吐き気と戦う
フー
負けると地獄
オリジナルの呼吸法
とにかく体力が無いので常時横になっている
スマホ見るのもキツイ……
炒め物の匂いで吐き気
もわぁ
ウチは旦那が料理担当ですが、それでも匂いでダメでした。主婦の方でつわりのひどい人はどうしてるのか…
お風呂の湯気で吐き気
もわぁ

そして夕方になると――
一気に体調悪化！
起き上がる体力が無いので
ずっと横になっているが
回復するわけではない
風邪なら薬を飲んだり
病院に行く等で解決策があるけど
つわりは我慢するしかない
「つわり いつまで」と
検索すると
臨月まで続いたという
記事を見て愕然とする
Q.つわりはいつ
つづくの？
ママたちの声
臨月までずっと続きました。出産したら終わりましたよ。（神奈川県 A子さん）
お風呂はとにかく
体力を削られる
髪を乾かす作業が
体力をゼロにするので
あまり洗えない
毎日横になってばかりで
仕事にならないな……
私の気合が足りないのかな……
サボってるだけなんじゃ……
そんなある日――
え！何これ！
体超楽なんだけど！
気持ち悪くない！
これが普通の状態？
こんな楽なの？
しかしその日の
夕方――
きもち
わるい…
つわりは気合じゃ
どうにもなりません
つわり真っ只中の
皆様に幸あれ！

安定期前の不安

安定期前につわり以外でキツかったこと……それは周りに妊娠を言えなかったことです
安定期までは何があるかわからない不安定な状態なので報告は控える傾向に。
○○さんが飲みに行こうって～
…やめとこうかなタバコが……
理由は言えませんがタバコ吸わないで下さいね！
こんなこと言えるわけないので謎の理由でお誘いをお断りする機会が増えていきました
陽性反応後ブライダルチェックをしてもらった病院に行き偶然知り合いに会ったことも…
あれ？ どうしたの？ 妊活？
知人
あた ふた
え！あ～……まぁそんな感じで…
差し入れでお寿司があったときも……
あ～私食べてきちゃったからみんなでどうぞ――
食べたい！食べたい！産んだら食べまくる!!
お腹が目立ってきたかもと不安になったときも……
あ～おなかいっぱい～食べすぎた～～
誰にも聞かれてない。
安定期前は不安ばかり……

つわりの思い出

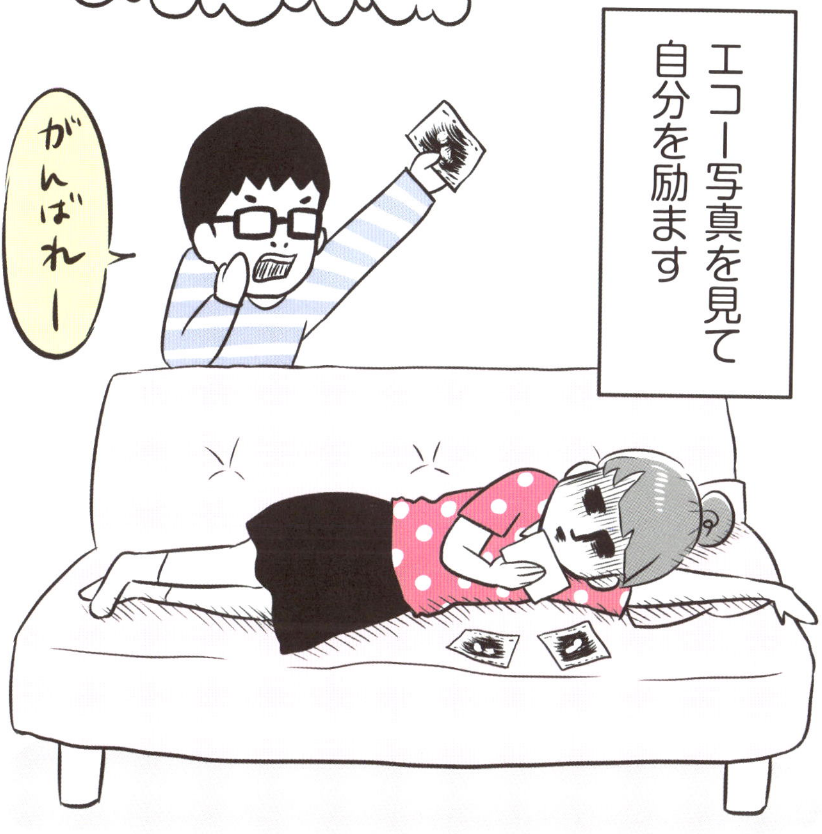
エコー写真を見て自分を励ます
がんばれー

妊娠報告するワケ

妊娠前――
芸能人ってさ 妊娠するとすぐ発表するよねー
私だったら産むまで報告したくないなー
たしかに出産するまで何があるかわかんないしねー
妊娠後――
今度居酒屋のロケ入りそうなんですが大丈夫ですか?
あ~…えーっと
居酒屋…タバコが…
パチンコ屋での営業入りそうなんですが――
すいません…ちょっと…
100m全力で走る仕事なんですが――
それもちょっと…
早く安定期来て……安定期来て仕事関係の人に妊娠のことを伝えられれば仕事しやすくなる!!
だからみなさんすぐ発表するんですね!!

親の願いは1つ

自分の子供にどんなふうに育ってほしいとかある?
そうだなー
勉強……はそりゃあできた方がいいけどできなくたっていいし
たしかに運動神経も……同じだよねー
見た目なんてなんだってかわいいし……
優しすぎるのも心配しちゃうし……
明るさだ!! 明るさと愛嬌があれば大抵のことはうまくいく!
確かに! 明るい人ってみんな幸せそう!
明るい性格の大切さに気付かされた冬のある日

つわりの思い出（甲子園を観ていて）

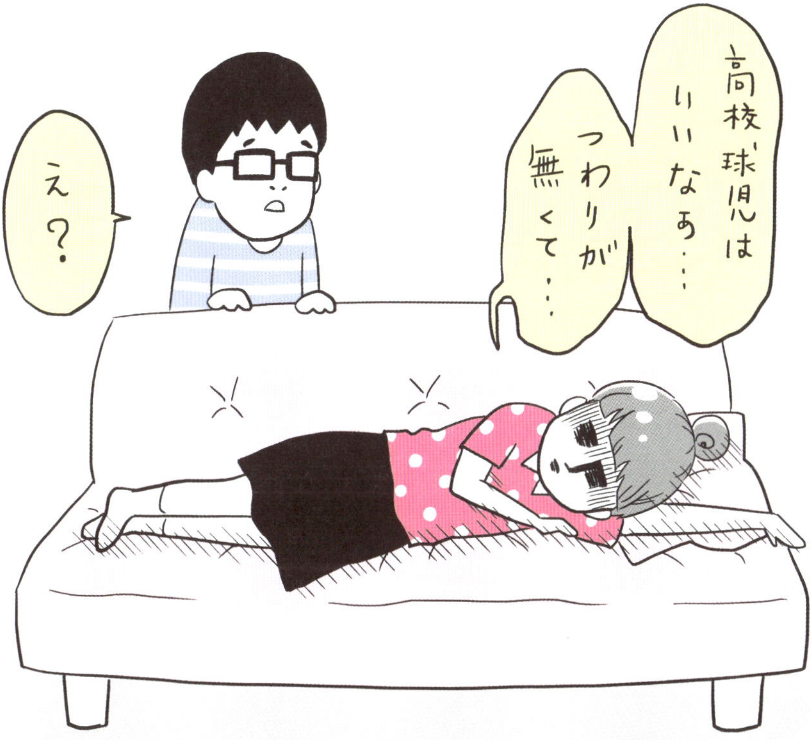

高校球児はいいなあ…
つわりが無くて…
え？

旦那の良いところ

結婚当初——
旦那ってブサイクランキング3位なんでしょ？ どこが良くて結婚したの？
えっ……えーと……
妊娠後——
つわり大変でしょ横になってな
冷やし中華だったら食べられる？
ありがと
うう…また吐いちゃった…
えっ寝てな
自分で片付けたらまた気持ち悪くなっちゃうでしょ？
そっちは片付けとくから！
明日やっと検診だね エコー楽しみだなー
良い所いっぱいな人と結婚してよかったなぁ

妊婦の怒りは時空を超えて

妊娠してからネット検索することが増えました
つわり いつまで
つわり ツライ
性別 判明 いつ
陣痛 いたい
ベビー用品
そんなときとあるブログをみつけました
マタニティブログ
はじめての妊娠をキロクしていこうと思います。
つわりがツライです。料理のにおいもダメで、いつも吐いてしまっています。しかし夫は、「〇〇さんちの奥さんは、つわりのときでも仕事も家事もしてたってさ」と、私を休ませてくれず、仮病あつかいしてきます。
ねぇこのブログ読んでよ！ ひどすぎる!!
え、でも2009年のブログだよ!?

つわりの思い出

ギャラ50円のライブ後、
タクシーで帰る。

初めての胎動①

妊娠16週頃――
胎動
一般的には18～20週。
早ければ16週でも。
はじめは、腸がポコポ
コと動いているような
感じ。そのため、胎動
どうかわかりにく
あります。
へ～早ければ
そろそろ胎動が
あるのか
…あれ？
なんか…
腸がポコポコ
してるような…
……
違いました

初めての胎動②

妊娠18週頃――
腸がポコポコ
してるような…
これこそまさに
胎動だ…！
おおお…
…ん？なんか
この感覚……
何かに似てる
ような……
はっ！
ひっくり返して
飛ばすゴムのやつだ！
しかも失敗してベコンと
なったときの感覚だ！
ベコン

三度見エコー

妊娠初期の頃――
医者
あ、ちょうど動いてますよ
じゃあエコー見てみましょうね
え
♡

ビョョョ～
医
元気ですねー
動きすぎじゃない!?
バウンドしてる…

性別判明への道

妊娠16週くらいで性別がわかることが多いらしいよ
へー
16週
うーん……足閉じちゃって性別はまだわかりませんね
そうですか…
20週
足閉じちゃってますね まだ性別はわかりません
なるほどー
24週
今日も足閉じちゃってます!
どんだけ秘密主義なの!!

ついに性別判明

エコー
妊娠26週
おっ これは……男の子ですね
男の子!!
男の子か~
名前考えないとね!
ゲームとか好きになるのかな?
自分の子供にやらせたい名作ゲームランキングいつも考えててよかった
ゲーマー
ドラクエV
クロノトリガー
Mother2
ゼノブレイド
ライブアライブ
もしもモンスターハンターやり始めたらいっきにG級装備作ってあげるんだ!
ほどほどにね……

妊娠初期のエコーって……

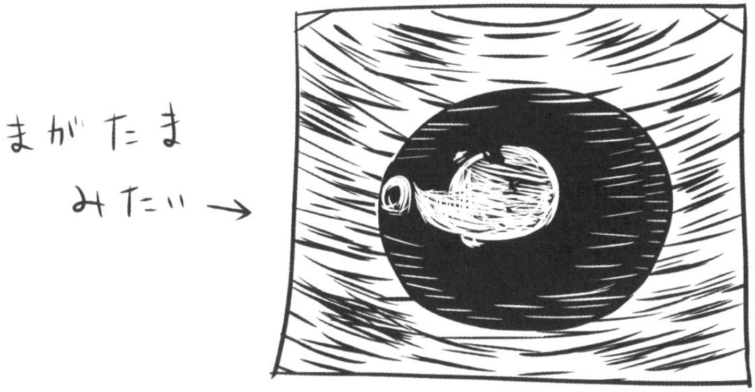
まがたま
みたい

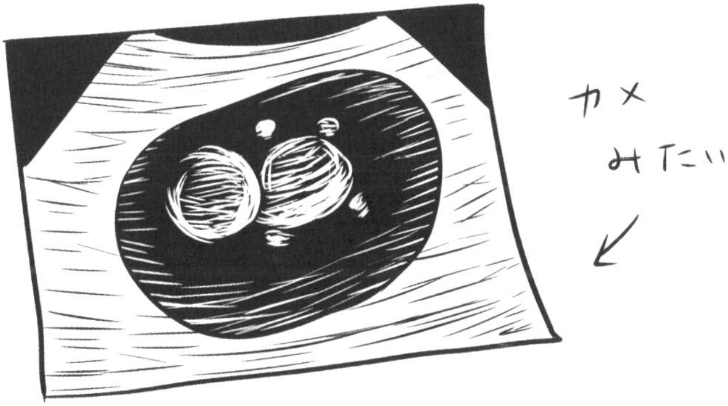
カメ
みたい

かわいいなぁ。

一番クサい場所

元々匂いに敏感だった私は
妊娠してからますます
敏感になりました
クサッ
反射的にすぐ言っちゃう。
電車や車の匂いはもちろん
ペットを飼っている家や
実家の匂いなども
キツかったです
う…
そして私は最も
匂いが強烈な場所を
発見しました
それは——
お笑いライブの
エンディングで全員集合
した際のステージ上!!
早く終わってくれ…
もわぁ…
いろんな人の匂いが
まざってめちゃくさ!!

新しい発見の日々

妊娠中いろいろと
気付くことは多いです
街中にこんなに
赤ちゃんって
いたんだなぁ
えっコレ、カフェイン
入ってるんだ……
あコレも……
そして芸人を
やっていたからこそ
気付いたこともあります
それは——
スベった人はめちゃ
くちゃくさくなる!
しーん…
もわぁ…
うっ…

つわりの後に…

つわりが終わった頃—
ごはんがおいしい…
納豆がまずくない！
そばがまずくない！
ぱく
ぱく
調子に乗り胃が圧迫されているのを忘れるほど食べてしまい結局気持ち悪くなる

遠隔初詣

妊娠中ということもあり自宅でゆっくり過ごしたお正月
近所の神社に初詣でも行ってみよう
初詣も近場で
えっめちゃくちゃ混んでる…
どうしようか…並んでたら風邪ひいちゃいそう…
今年も健康で過ごせますように
え！ここで!?

妊婦の飲酒欲

妊娠前
妊娠するとねぇ全くビール飲みたくなくなるんだよぉ
へ～そういうもんなんだ～
妊娠後
ねぇ
全然フツーにずっとビール飲みたいんだけど

安定期の現実

想像していた安定期
実際の安定期
すいません今日までには終わります！
明日のネタラインノートに書いといたよー
はーい
○○のイラストってまだやらなくていいの？連絡してみたら？
それまで放っといて！今手いっぱいだから！先方から連絡きたらやるから!!
○○〆切明日
○○〆切今日
○○〆切明後日
つわりの時期の遅れを取り戻そうと怒濤《どとう》の仕事モード

マタニティフォト

マタニティフォト
せっかくだから
一緒に撮りに行く？
いいよー
○○さんがスタジオアリスで撮ったらしいんだけどマタニティだと撮影料無料でフォトブックに1枚大きめの写真も無料でくれるんだって
だから1枚だけなら完全無料でいけるらしいよ
…………
1枚だけか…
じゃ…じゃあ何枚か頼もう！
結局5千円分くらい頼みました……

出産ご予約はお早めに

妊娠初期の頃ブライダルチェックやガン検査等を受けた近所の病院でとりあえず診てもらっていた私
婦人科あるよ
検診もやってるよ
産科は無いから産めないよ
レディースクリニッ
出産は東京でしますか？里帰り出産にしますか？
えーっとまだ悩んでて……
ウチでも次回の検診くらいまでは診られますけど……早めに決めてくださいねとりあえず次までには決めといて下さい
えっ
もし東京でとなると人気の産院は予約が取れないこともありますし……とにかくお早めに……
ええっ

里帰り出産か都内で出産か。

ということで
いろいろと考えた結果、
私にとっては都内での
出産の方がメリットが
あったので、都内で！
と決めました。

お祝いベビー服のありがたみ

ベビー服 売り場
妊娠前
プレゼントって
ベビー服とかでもいいかな？
好みに合わないとか
あるのかな～……
もっと実用的な
物の方が
いいとか……
でもかわいくて
選ぶのも楽しいから
ついつい買っちゃう
んだよね～

妊娠後
そろそろ
ベビー服
買わなくちゃと
思うけど……
すぐサイズアウト
しちゃうのかどうか
わからなくて
もったいなくて
なかなか買えない！

マタニティライフの夢と現実

八方塞がり妊婦

あるある有効活用

体内目覚まし

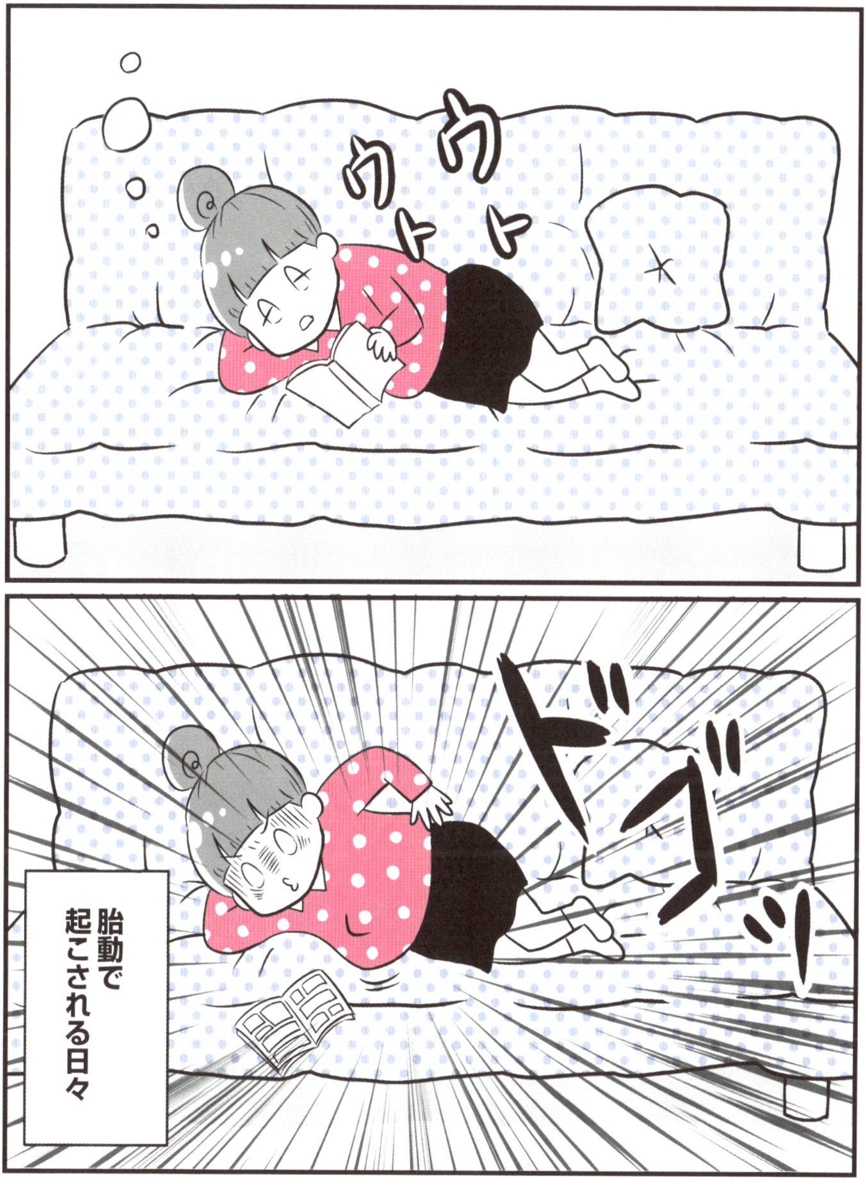

マタニティ感

ねぇ、お腹大きくなってきた気がしない？
たしかに！
やっぱりお腹が大きくなると妊娠してるんだなーって感じするね！
改めて実感わくなあ
翌日
えっなんか昨日より小さくなってる!!
食べすぎでお腹が出ていただけでした

なぜかわかる人

まだまだお腹が目立たない頃
よしもと本社
お久しぶりです
久しぶりー
大貫さんもしかして
妊娠してます？
えっなななんで？してないよ！
（安定期前なので言えない）
なんだーなんとなく思ったんですけどちがいましたかー
コイツの勘えげつないな！
おなか空きましたねー

丸顔妊婦の悲劇

ペイフォワード

妊娠後期の金縛り

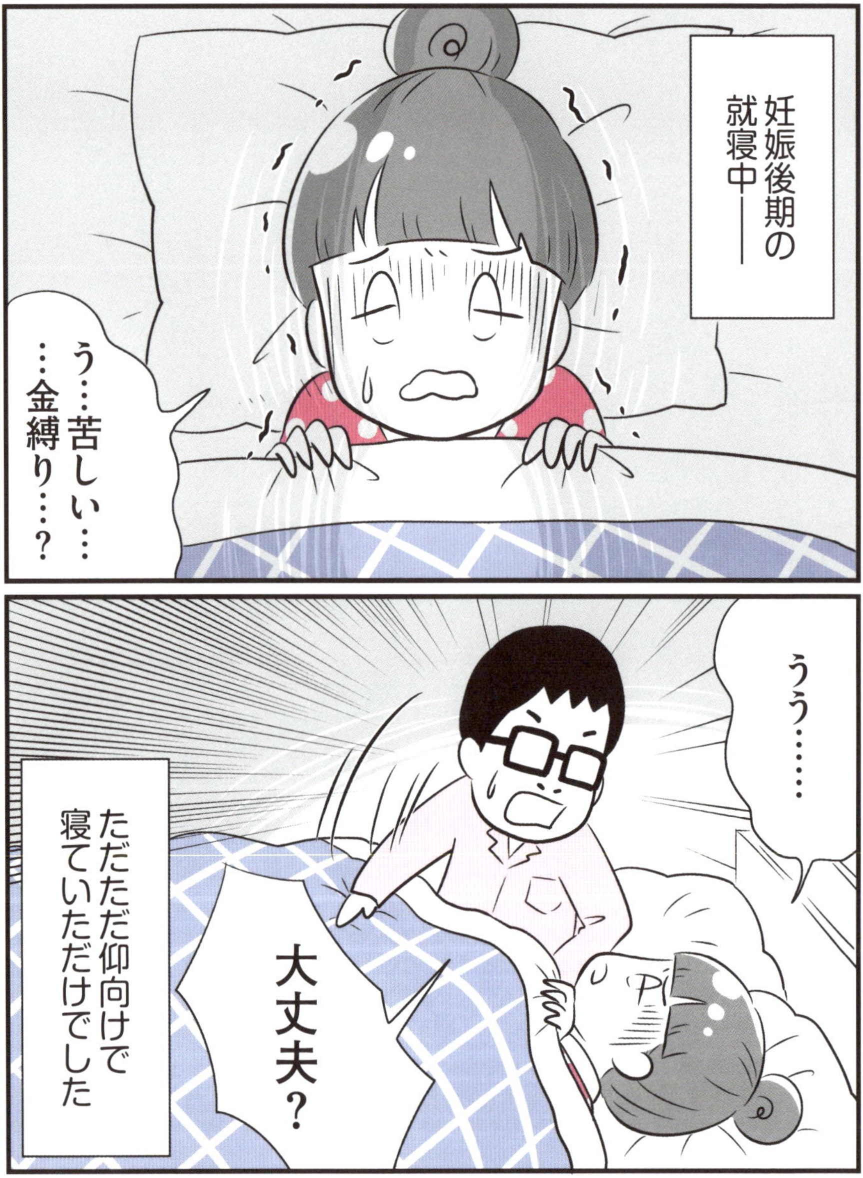
妊娠後期の就寝中――
う…苦しい…
…金縛り…？
うう……
大丈夫？
ただただ仰向けで寝ていただけでした

妊娠後期の
寝返り
せ〜〜の〜っ
フーフー
バタ
バタ
ふぅ・・・
この仰向けの
瞬間がすごく苦しい。
胃酸が逆流しているときは、寝返ると
本当に地獄。飛び起きちゃう。

赤ちゃんの攻撃

妊娠後期の胎動は
私の場合
大きく分けて2つ
胃へのキックと
膀胱《ぼうこう》パンチです
膀胱パンチで
いいのがきまると
必ずトイレに
行きたくなります
TOILET
うう……
また……
そのため
トイレに行く回数が
5倍くらい増えました

見知らぬ、天井

スーパー行ってくるね
私も！散歩にもなるしー
ベーカリー
うわ！おいしそう……でも太りすぎはよくないから買っちゃダメだ……
デザートコーナー
うっ…
天井見てるしかない
何してるの？

カメ散歩

病院
お腹が大きくなってきましたがお散歩は続けてくださいね
はい
とはいえ妊娠後期は体動かすのがしんどいなぁ……
フー
ノロ ノロ
フー
フー
ニャー
フー
散歩の意味あるのかなあ…
ノロ ノロ
フー
タタタ

最終形態は臨月に

妊娠8ヶ月頃
むくみが物凄くて……
マリアゆみみさん
妊娠9ヶ月
8ヶ月
妊娠中はむくみますよね
私殆どむくまないんですよー
まぁこさん
そして1ヶ月後—
むっちり
プク
プク
臨月のむくみ半端ない!
むくむ
むくまない
むくまない
むくむ
むくむ
むくむ

妊娠前の面影探し

妊娠してから太ったねと言われまくるのですが
産院の指導のもと適正の範囲内です
赤ちゃん・羊水
血液(1.5倍に)
子宮・胸
7〜13kg増加
(BMIによってまたちがう)
とはいえ——
妊娠してから15キロも増えちゃったよ〜
えっ
臨月で+8〜9kg
なぜ私の方が太って見える?
きっと丸顔とむくみのせいに違いない!
体重的にはセーフなんだからどこかしら痩せてる箇所があるはず……
とにかく顔が丸い。
…二の腕だ!
二の腕は妊娠前より少し細くなってる…!
ハズ!!

むくみの朝

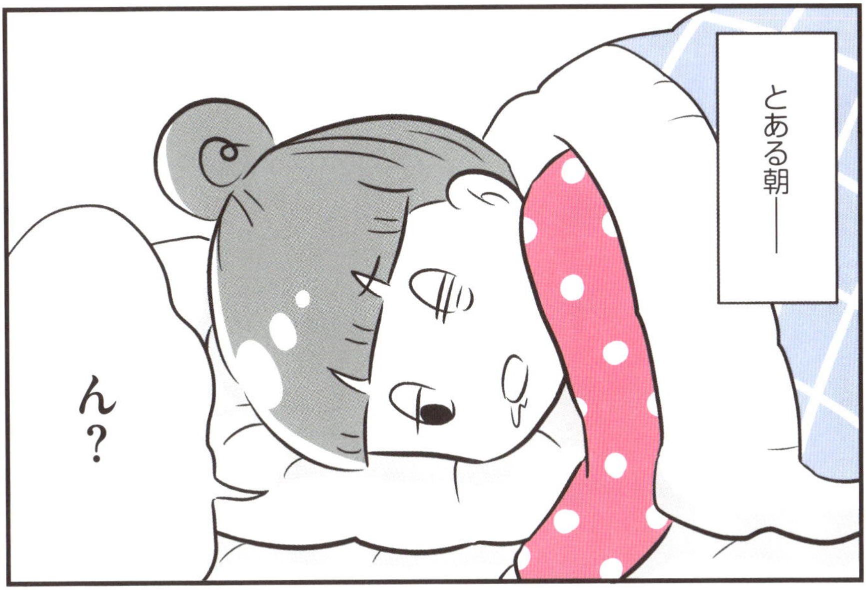
とある朝——
ん？

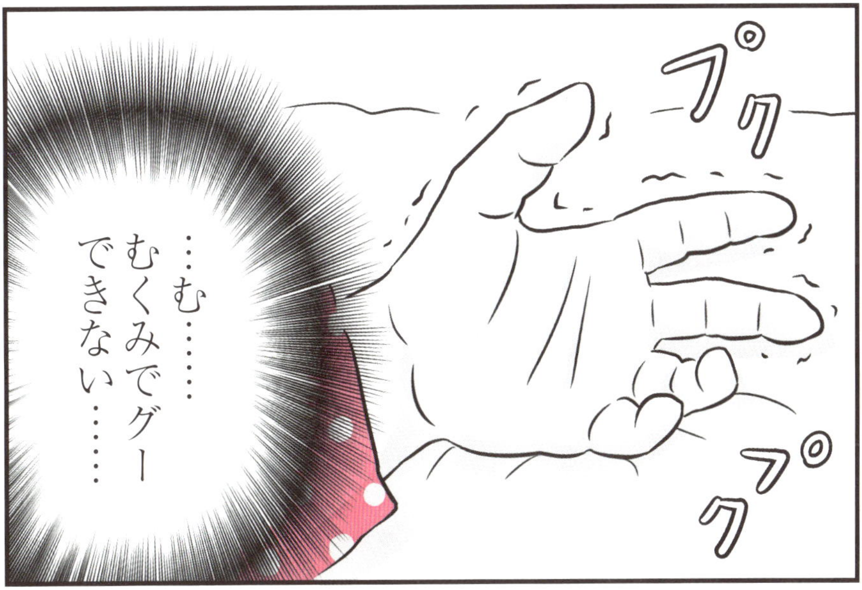
プク
プク
…む……むくみでグーできない……

出産したら食べたい物

お寿司

ナマモノだしあまり妊婦は食べちゃダメの代表。
気にせず食べちゃう派の方もいるとは思いますが、
私は1度も食べてません。1番の好物なのに!!!
出産したらたらふく食べたい。すしすしすしすし!!!!!!!!

キルフェボンのタルト

体重管理があるので甘いものを控えてます。

高いけどやっぱりおいしい。何のタルトでもおいしい。ホールごと食べつくしたい。

千疋屋のフルーツサンド

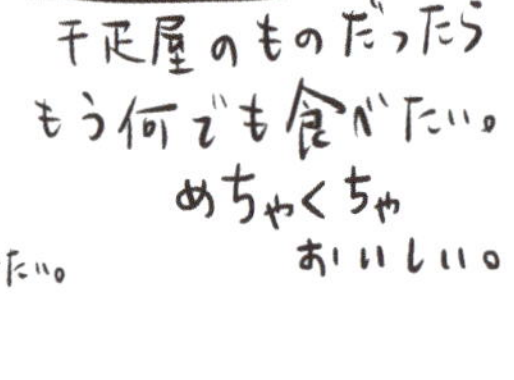

千疋屋のものだったらもう何でも食べたい。めちゃくちゃおいしい。

クレープ

もうどこのクレープでもいい。食べたい。

生クリームいっぱいのクレープ…。

産後は乳腺炎とか気を付けなくちゃならないけど…
少しは食べたい。

イクラごはん

イクラも食べるのを控えていた。

お寿司もいいけど、
あったかいごはんにかけて食べたい。

4章 出産・育児編

想像のはるか上をゆく壮絶すぎる出産。
そして、いよいよ始まったドタバタな育児。
数時間おきの授乳、睡眠不足、
黄昏泣き、夜泣きに、理由無き泣き。
そんな慌ただしい中でも、
かわいすぎる息子に愛情が止まらない！

正産期（出産するのに最も適した時期）
私は〆切を3つも抱えてました
今破水したら終わる……
陣痛よ……まだ待って……
ハラハラしながら仕事を続け――
もしもし？
まだ産まれんのか？
まだだよ……
義実家からの毎日の陣痛催促電話もあってか―
陣痛全く来ず

妊娠後期の頃から
どんなに気をつけても
体重が増加しまくり
野菜と鶏のササミだけでこんなに増えるのか…
陣痛が来たら
体重管理なんて
しなくていいよね？
食べちゃって
いいよね？
えっ
出産後までなんて
もう待てない！
陣痛が来たら
すぐ食べる！
ドーナツ
……
こうして私は
「陣痛が来たら
食べたい物」を
スーパーで買い込み
陣痛をひたすら
待ちました

そして仕事の〆切も
無事終わり予定日から
一週間程経った頃——
血圧もちょっと高めだし
このまま陣痛促進剤打って
出産しましょう
入院手続きお願いします
え!!
いやいやちょっと
待って下さい
今からは……
何かご都合
悪いですか?
……いえ
お願いします
おやつ持ってきて
ないからヤダとは
言えませんでした
じゃあ入院セット
家から持ってくるね
あ…ちょっと
その前にさ…
コンビニで塩カルビ丼
買ってきてくれない?
え……

こうして塩カルビ丼を食べながら陣痛促進剤の投与が始まりました
うまー
少しずつ入れていきますねー
あのー…
今日中に産まれますかね?
いやーどうでしょう…うまく陣痛が進めば可能性はありますが…
まぁ明日か明後日ですね
え……
そしてしばらくすると促進剤の効果がーー
いてて……なんか陣痛始まったって感じするなぁ

しかし夜には――
もう喋れないくらいの陣痛が
今日はこれくらいにしてまた明日朝からやりましょう
また明日…
私……いつ産めるんだろ……
Search
陣痛促進剤　何日かかる
初日は2割くらいの痛みでした2日目は6割くらいの痛みからMAXまでの痛みがきて出産しました
え…あれで2割……
2割…
しかし後で思い返すと初日の痛みは既に6割きていました
?

そして2日目
こ…これで6割……
しかし実際には既に8～9割の痛みがきていました
正直私は自分は痛みに強いと自負していたところがありました
今まで階段から落ちてコンクリートに叩きつけられたり
歯の神経むき出しで半年間過ごしたり
その歯の痛みで気絶したりと様々な痛みを経験してきたからです
ズキズキ
今は無痛分娩も増えてきてるけど……一度は出産の痛みを味わってみたいな～
人生で何番目の痛みなんだろうな～
と能天気なことを考えていましたが
断言します

ぶっちぎりで
人生ダントツ
1位の痛み
でした!!
いきみ逃しがキツイとか
産道を下ってるときが
痛いとかいろんな人に
いろんなことを
聞きましたが——
もうなんかよく
わかんないけど
ずーっと痛かった!!
どうしようもなくて
髪を引きちぎってしまう
程の痛み。
腰を金属のハンマーで
全力で叩かれている
ような——
腰の骨に100人くらいの
おっさんが一気に
ぶら下がってくるような——
ズドーン

到底我慢できない
レベルの痛みが数分
おきにやってくるー
く…来る…
また…来る……!!
そ……そうだ
ゴルフボール……
ゴルフボール取って！
陣痛のいきみ逃しに
効くとされている
ゴルフボールや
テニスボール
お尻に当てて押すと
痛みが和らぎ
これが無かったら
本当にヤバかったと
いろんな知り合いに
聞いていた
神アイテム！
私もここぞというときに
使おうと決めていました
は…早く
押して…
こう？
ダメダメ
力弱過ぎ
もっと
強めに！
ぐいっ

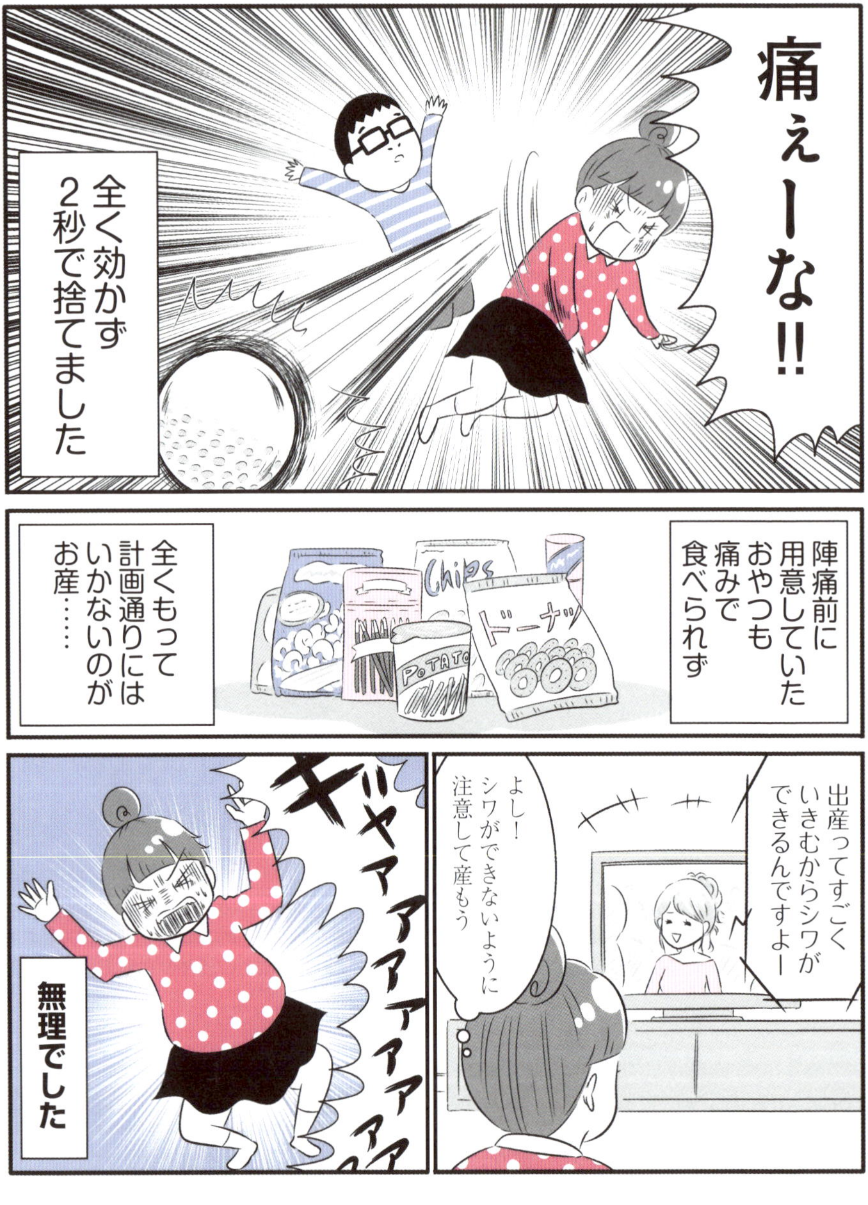
痛ぇーな!!
全く効かず
2秒で捨てました
陣痛前に
用意していた
おやつも
痛みで
食べられず
Chips
ドーナツ
POTATO
全くもって
計画通りには
いかないのが
お産……
出産ってすごく
いきむからシワが
できるんですよー
よし!
シワができないように
注意して産もう
ギャアアアアアアアア
無理でした

ギャーー!
痛いー
ムリ〜
あまり叫ばずクールに産もう
出産ドキュメント
ギョエェェェェェェ
助けて〜〜〜
無理でした
陣痛の間隔は既に数分になっていたものの子宮口が開かないので分娩台には上がれず
なぜか陣痛がくると壁を押しちゃう。
ひたすらいろんな体勢で耐えました
クッションを掴んでタオルを噛んでひたすら耐える。
じゃあ今日はここまでにしてまた明日にしましょう
また明日…‼
また明日もこの痛み…!
ていうか昨日も痛みで殆ど眠れなかったのにまた明日⁉
そして私はとうとう言ってしまいました

帝王切開にして下さい
いや…大貫さん必要性が無いのにできませんよ……
それに帝王切開は産後とっても大変ですよ
……わかってます！帝王切開が大変なことは！でも…産もうにも産めず痛みにひたすら耐えるこの状況から――
逃げたいんです！
ね…ねぇ……百万払うから今から無痛分娩やってくれる医者探してきてくれない？

支離滅裂な弱音が飛び出しながら2日目が終わりました
失言を反省しながらひたすら陣痛に耐える
夜間もずっと陣痛は続く…
そして3日目——
不眠不休で腰をさすり続けてくれた旦那が限界を迎え
実家から母に助っ人として来てもらいました
ふたりに交代で腰をさすってもらいながら陣痛に耐え
徐々に子宮口も開いてきました
赤ちゃんも今すごくがんばってますよ～
コレ言われると弱音吐けない。

初日はグダグダだった旦那のサポートも――
水取って
今腰さすらないで
今さすって!!
もっと上!!
3日目には完璧に
28・29・30――ハイ30秒過ぎたよー 痛み引いてくよー
あ…あつい…
お水飲んで!
息しっかり吐いてー
途中で芸人仲間と打合せをしたり
知らないおじさんがパンを売りに来るという幻覚を見ましたが
今思えばずっと痛みで眠れなかったので
ほんの一瞬だけ寝て夢を見ていたのだと思います
いい感じで進んできましたね 便意をもよおす感じがきたらゴール間近ですよ
そしたら分娩台行きましょうか!
分娩台…!
分娩台行けば産める…!!

あ…あの…便意あります
なんとなく…あるような
…気がします……
ちょっと盛っちゃえ！
…ほんとですか？
疑われてる…
……まあでも子宮口もだいぶ開いてきましたし
おまけで分娩台行きましょうか
やった！やっと分娩台だ！
おまけってのが気になるけど…
そしてようやく分娩台へ上がったとき私はふと気付きました

私……
24時間テレビのTシャツのまま産むんだ！
なんとなくですが分娩台では病院着のようなものに着替えると思っていました
しかしこの病院ではそんなものは無く
旦那が家から持ってきてくれた24時間テレビのTシャツを着ていた私
当たり前だけど分娩台の上でも陣痛は休まずきます。
何年か前に長野県の中継レポーターとして出演した際のものでした
24HOUR TELEVISION
この先の人生で何度も見返すであろう写真や動画に必ず映り込んでくることが確定された24時間テレビTシャツ
本当にこのTシャツでよかったのかと少し不安になりました

しかし考えてみれば
この年のTシャツは
嵐の大野くんと
草間彌生さんのデザイン
なんだかめちゃくちゃ
ご利益があるような
気がしてきました
じゃあ次の陣痛で
いきみますよー
その前に
…水っ！
しかしここで
思わぬトラブルがー
うっ
妊娠中から発動して
いた逆流性食道炎が
急激に悪化し
ゴボッ
ゴボ
ゴボッ
飲み物が一切
飲み込めない状態に

ノードリンクで出産しなければいけなくなりました
ゴホッ
ゴフッ
ゴホッ
ゴフッ
ゴフッ
ハイ いきんでー
ノードリンクの出産は想像以上にキツく
おなかをグイグイ押される
あと少しのところで赤ちゃんもなかなか出て来れず
体力も限界で意識も朦朧《もうろう》とする中――
出てこないからちょっとだけ吸引掛けますねー
…あれ?吸引…?
吸引って確か…
保険下りるじゃん
俄然やる気が出てきました

※保険は分娩時の状況や保険会社などにより異なることもあるようです。

うお〜〜〜
うお〜〜
ハイ会陰切開しまーす
ジャキッ
いきんでー
はいもう頭見えてますよ
え！頭⁉見たい！
え
デカッ
オギャー
オギャッ
オギャッ
オギャッ
生まれましたよー
元気な男の子です
オギャー
頭だけ見えるのかと思ったらもういきなり生まれてる！
そしてデカイ！
生まれたてのはずなのに生まれたての大きさじゃない！

抱っこしてみますかー？
は…はい
こ…これが自分の子…!!
なんだかめちゃくちゃしっくりくる!!
かわいい!!
子供のためならホント何でもできる…
しかしこの数時間後私は乳首を引きちぎられおしっこをかけられ貧血でフラフラの体にミルクゲロを吐かれるのです
かわいさと大変さが渦巻く「育児」という長い道のりがいよいよスタートしたのでした

セピア色の思い出

聖水はコンビニにも売っている

むくみで極楽

産後は大忙し

出産 入院中あって良かったもの。

ペットボトルストロー

寝ながらでも
こぼさず飲めるやつ。
陣痛中はもちろん
出産後も大活躍。

健診のときに病院からもススメられました。

授乳服

ひだになってるすきまから出すタイプ。
この構造だとノーブラでも
大丈夫でした。

ここがつながってないのですきまから出せる。授乳服っぽくなくて良い。

ピュアレーン

乳頭保護クリーム。

入院中は使わないかなと思ってたけど
すぐ使った。授乳しまくりの始まりは
酷使しまくるので必須だった。

病院にあったもの

授乳クッション

初めての授乳だったのでお世話になりました。

円座クッション

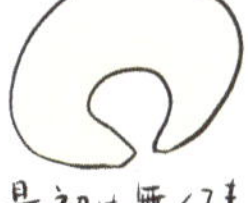

最初は無くても
大丈夫かなと思ってましたが、疲れてるときにあると
やっぱりありがたい。

産褥ショーツ

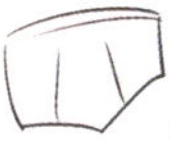

水着みたいな生地のデカパン。
母が用意してくれてて、
いるかな〜と思ってたけど、あって
よかった。普通パンツじゃ心細い。

その他、タオルや産褥パッドや
オムツ、ミルク類は病院で
もらえました。

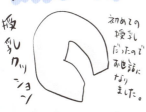

産後の恩返し

産後に院内で
息子を取り上げてくれた
先生を見掛けると――

あのとき助けて
頂いた鶴です
的な会釈を
してしまいます

メロンパンくださいな

顔を引っかくのでミトンをした息子
子供パン屋さんみたいだ
え？ 何それ子供パン屋？
こども パン屋
か、
かわいい…

かわいいだけじゃない育児

出産後の入院中は母子同室でした
だっこ
うんち おしっこ
おっぱい おっぱい
だっこ
だっこン
うんち
おっぱい
面会の時間帯はぐっすり眠って超いい子
静かでいい子ね〜
それは私の午前中の努力が…
はい…
すや
退院後——
うんち
だっこ
うんち
うんち
うんこ
ミルク
おしっこ
おしっこ
だっこ
おしっこ
こ…こんなに大変だったんだね……
共感を得られてなんだか嬉しい

授乳の真実

出産前の
授乳のイメージは
1日に数回の
癒しの時間という
感じでしたが
実際は——

2時間おきの授乳で
多いときは1日15回以上
ガクッ
授乳クッション
とにかく1日中
授乳している
授乳しているそばから
喉が乾く
ゴッ
ゴッ
ゴッ
ゴッ
もぐ…
もぐ…
そして
眠気が襲ってくる
食べると眠くなるけど
食べないと母乳でない
とにかく
体力勝負！

産後の片隅で…

朝起きたとき——
はっ…
歯みがきをしてるとき——
はっ…
何気ない日常の片隅で
ふと もう胎動がないのかとさびしくなるときがあります
おっぱいほしがってるよー
ギャー
ギャー
ギャ
はーい
胎動はないけど外界で大暴れ

アリーナ席の母

出産おめでとう！
ありがとー
わーフワフワの新生児だー♡
もうすぐ1ヶ月かぁ
じゃあもうそろそろ目が見えてくるね
……あれ？私たち結構目が合ってたよね…？
ライブでのファンとミュージシャンみたい

授乳百面相

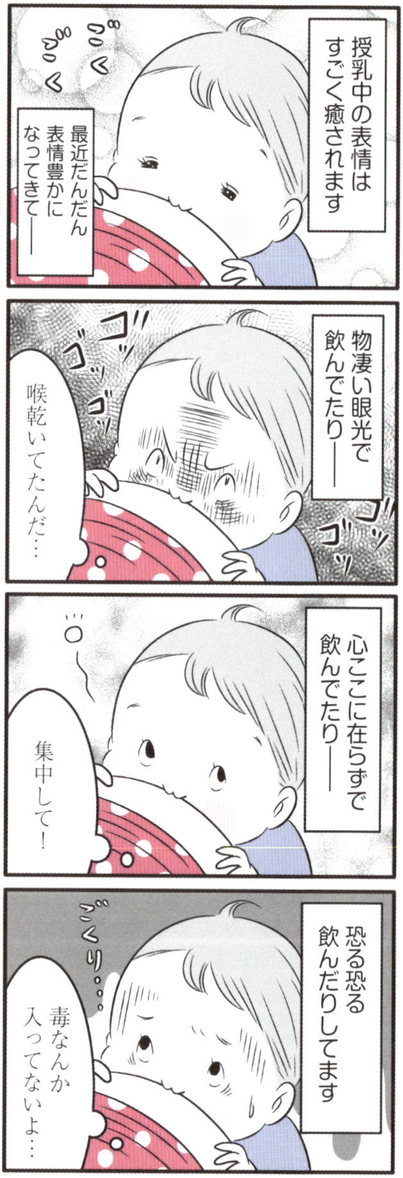
授乳中の表情はすごく癒されます
ごくごく
最近だんだん表情豊かになってきて――
物凄い眼光で飲んでたり――
ゴッゴッゴッ
ゴッゴッ
喉乾いてたんだ…
心ここに在らずで飲んでたり――
集中して!
恐る恐る飲んだりしてます
ごくり…
毒なんか入ってないよ…

ゲームの有効活用

妊娠中――
ピコピコ
出産したらスマホゲームなんてする時間なくなるだろうなぁ
出産後深夜の授乳中――
ガクッ
ね…眠い…眠すぎる
そうだ!こういうときは…
アレだ!
ピコピコピコピコピコピコピコピコピコ
こんな形相でどうぶつの森をプレイしているのは産後の母だけ

これが聞きたいんじゃない

ベビーモニターを寝室に付けました
リビングに居ながら寝室の様子が把握できます
ベビーモニターを付けた初日——
先にふたりで寝てるよー
はーい
PC
ゴォオオオオ
旦那のイビキしか聞こえてきませんでした……

乳児湿疹と母性

乳児湿疹が酷くなってきた息子
結局どれだけ食べ物に気を付けてても3ヶ月くらいまでは仕方ないみたいよ
心配だなー
お風呂のときに石鹸をよく洗い流して…
健診のときにもらった薬を忘れずに塗って…
早く治りますように！
自分の見た目をかえりみずに子供のあれこれを杞憂する……それが母性！

乳児湿疹の対義語

スヤァ
乳児湿疹治ったね～
そうだね～
私も余った乳児湿疹の薬塗ってたんだけど……全然肌荒れ治らないや
治るわけないじゃん
乳児湿疹じゃなくて大人吹き出物なんだから
キッ

ポーカーフェイス ファニーフェイス

息子の乳児湿疹が酷かった頃
お風呂あがりに薬を塗ると泣いて嫌がってました
びぇー
薬 俺が塗ろうか？
ううん大丈夫ありがと すぐ終わるから泣かないでね～
キャッキャッ
えっ旦那の方見てめっちゃ笑ってる！
なるほどあやしてくれてるんだ
なんにもしてない

出産後 めちゃくちゃ使った神アイテム

pigeon 電動搾乳器

手動か電動か迷って電動が安くなってたので電動買いました。手しぼりでいいかなとも思いましたが、搾乳器使うと早い!

息子がぐっすりなときに搾乳しといて、ぐずぐずのときに搾乳してた分を出すと、母乳の出が悪い日なんかはすごく良いです。たくさん搾乳できた日はフリーザーパックで冷凍しといて、私が出掛けた日などに旦那にお願いして解凍してもらってます。

最初のうちはどれくらい母乳が出てるかわかりませんでしたが、これ使うとこのくらいの張りでこのくらい出るなどがわかるのも良かったです。

ベビーモニター

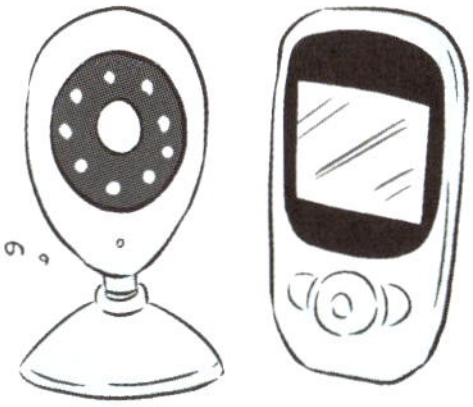

5000円くらいの。

思っていた以上に便利です。声も聞こえるし、こちらから声を掛けることもできるやつ。ただ、安めのものなので本体がやや熱くなります。室内温度も出るのですが、本体熱いからあてにならない…。

授乳クッション

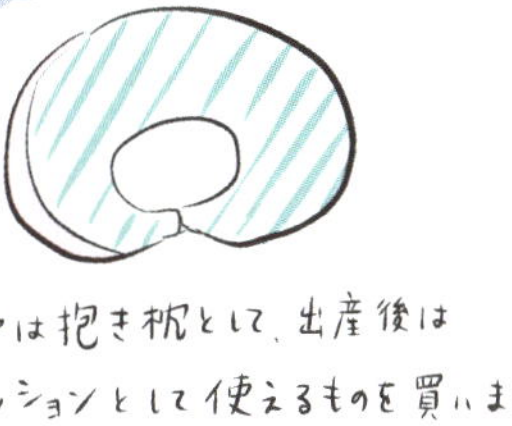

妊娠中は抱き枕として、出産後は授乳クッションとして使えるものを買いました。左から右へと息子を移動させたいとき、クッションごとスライドさせるとスムーズです。

ぴよログ

育児記録アプリ。夫婦で共有できるのが良い。片方が仕事のときでも、今どんな具合いなのか把握しやすい。ちょっとした育児日記や写真もつけられる。pdfファイル書き出しもできたような…。

予防接種

朝ドラと子育て

予防接種2回目

予防接種2回目の日
寝るタイミングや授乳のタイミングを見計らっていたものの結局出掛ける頃に授乳することに……
そろそろ出掛けるよー
ごめんねー……終わりだよ～
授乳を中断せざるを得なかったので
健診のときから大泣き
注射もギャン泣き
あと1本だよ～
予防接種後すぐには授乳できないとのことだったので機嫌激ワル
ようやく授乳という瞬間——
とんでもない勢いで食らいついてきました
ガジッ
そして物凄く恨んだような眼光で飲み続けていました
頑張ったね…

旦那のしわざ

最近気付いたんですが…
リビングに置いてある
私のｉＰａｄ……
オムツ置き場にされてるね

ワールドカップと息子

サッカーのワールドカップを観ています
前半終わった～
ドキドキ
ホギァ～
起きちゃったね～よしよし
ホギャァ
ホギャア
オムツ見てみようね～
ホギャ
ホギャ
スャァ…
後半始まるよ
ハーフタイムの間だけ泣く息子の空気を読む力凄い

家でついつい授乳クッションを付けたままにしちゃうので
麦茶飲もー♪
旦那からスイマーと呼ばれています

赤ちゃんのウンチ

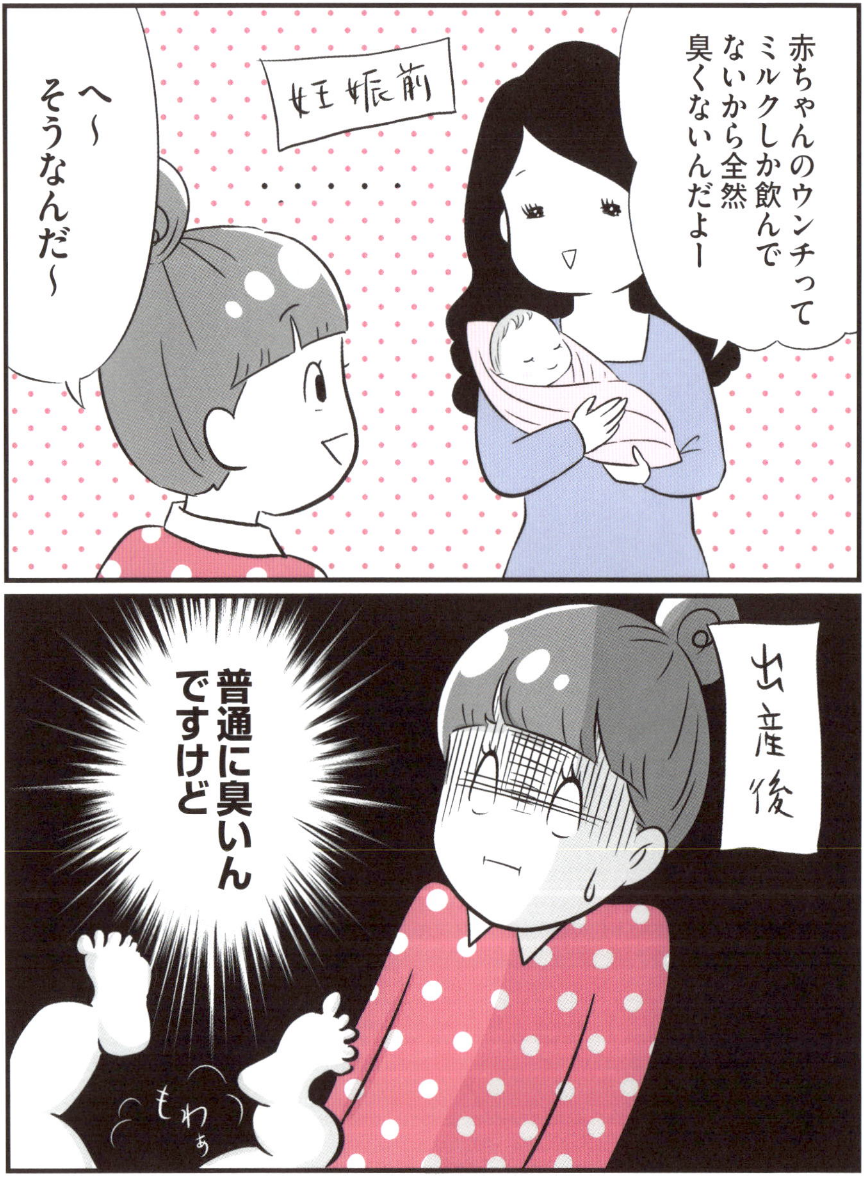
赤ちゃんのウンチって
ミルクしか飲んで
ないから全然
臭くないんだよー
妊娠前
……
へ～
そうなんだ～
出産後
普通に臭いんですけど
もわぁ

スキを見てお風呂①

やっと寝た～
今のうちにお風呂入っちゃうね
スヤァ
ササっとシャワー浴びてすぐ出るか～
ホギャホギャァ～
えっ
ホギャ
ホギャァ
ホギャァ～
ホギャギャ
お風呂の最中に泣いちゃう確率は異常

スキを見てお風呂②

やっと寝た～
今のうちにお風呂入っちゃうね
スヤァ
ササっとシャワー浴びてすぐ出るか～
ホギャホギャァ～
えっ
スヤァ…
えっ
とうとう幻聴が始まりました

クマ

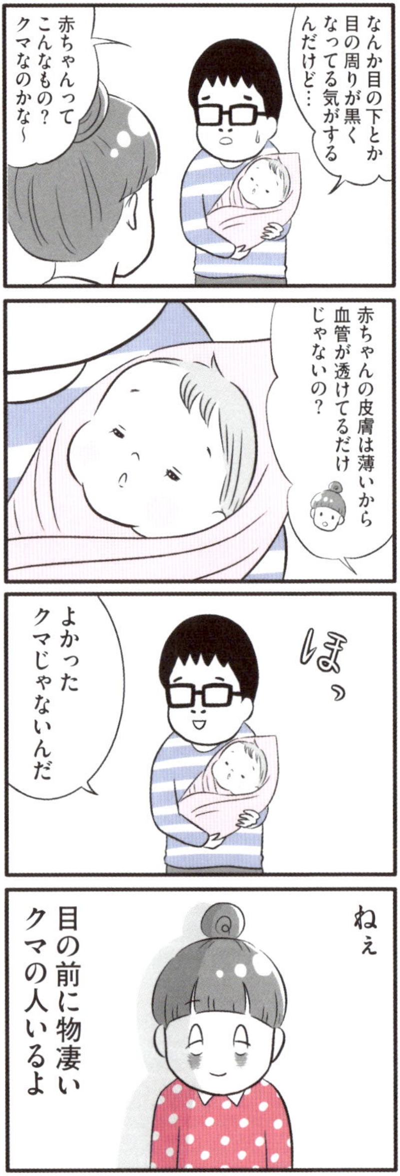

なんか目の下とか目の周りが黒くなってる気がするんだけど…
赤ちゃんってこんなもの？クマなのかな～
赤ちゃんの皮膚は薄いから血管が透けてるだけじゃないの？
ほっ
よかったクマじゃないんだ
ねぇ
目の前に物凄いクマの人いるよ

母乳の目覚め

出産後すぐに授乳が始まりましたがちゃんと母乳が出ているか不安でした
おっぱいが スケルトンに なっていて、どれくらい 母乳が出ているか わかれば いいのに。
私は里帰り出産ではなかったということもあり母乳に関することも丁寧に教えてくれる病院を選んだのですが
授乳時に毎回助産師さんが母乳環境チェックをして下さったり母乳が出やすいマッサージをして下さったりしました
すると3日目の朝—
ギャッ
母乳が溢れて目が覚めました
流血したのかと思った…

酔っ払ったとき本音が垣間見える旦那
そりゃあ俺だって母乳あげたいよ・・・
Beer
Beer
eer

骨盤矯正のメリット

産後の骨盤矯正

産後の抜け毛

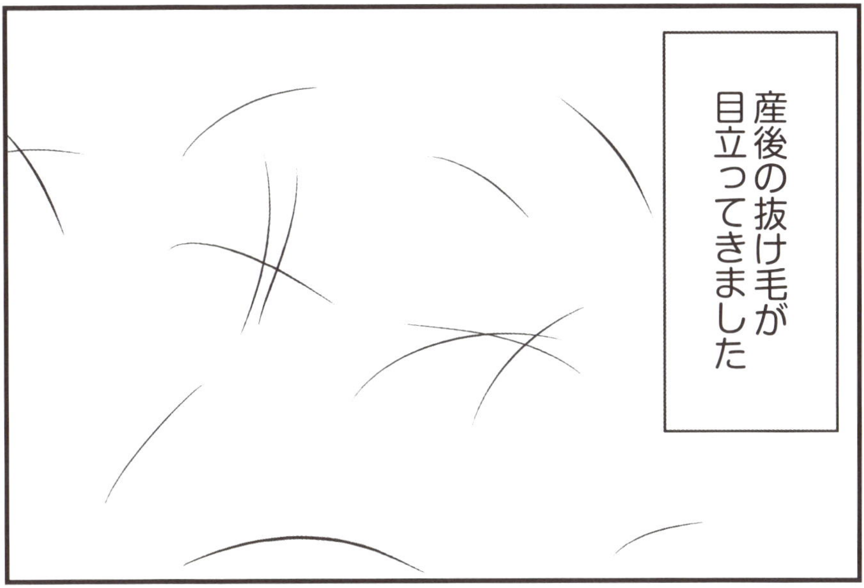
産後の抜け毛が目立ってきました

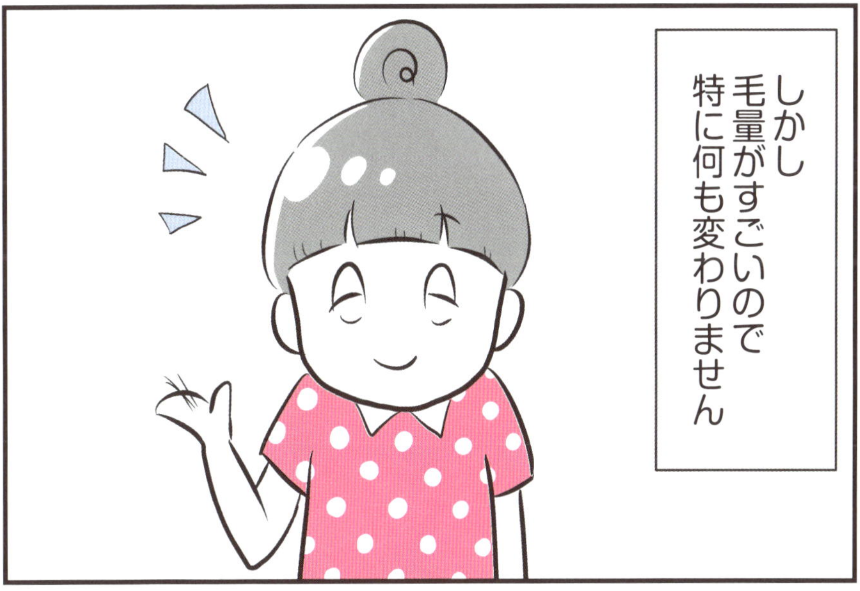
しかし毛量がすごいので特に何も変わりません

出産祝い

息子が生まれてから出産祝いをたくさん頂きました
本当にありがたいです
ステラ マッカートニーのベビー服だってかわいいね〜
ラルフローレン
ステラ マッカートニー
しまむら
GU
親子格差が広がっていきます

しなくていい世界になぁれ

産後検診のため出産後初めて一人で外出した際ー
あっ タバコのにおい…
歩きタバコか…息止めて道変えよ……
プハァッ
よし……もうタバコ臭くない…
……あ!
もう妊娠してなかったんだ

産後の万能アイテム

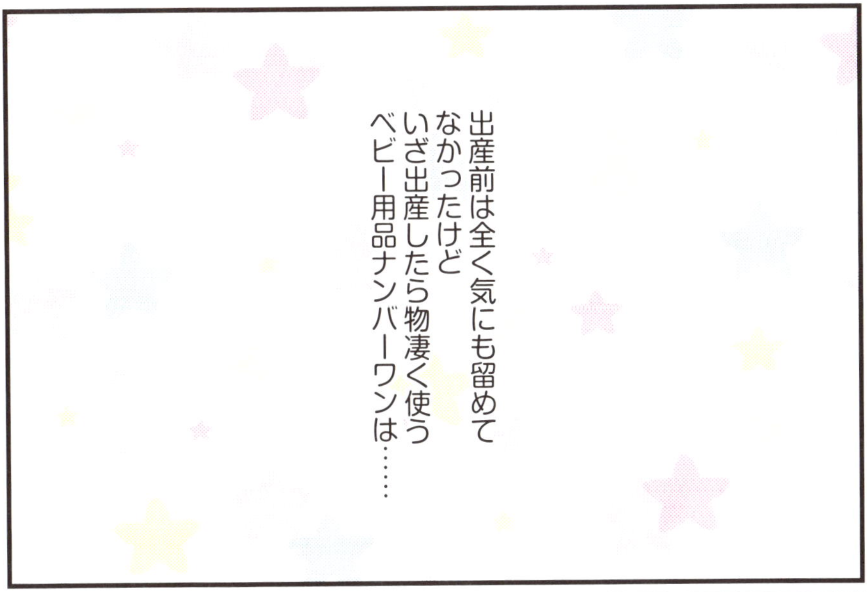

出産前は全く気にも留めてなかったけど
いざ出産したら物凄く使うベビー用品ナンバーワンは……

おくるみ!!
正直一枚も買う予定はなかったのですが、出産した病院から一枚、出産祝いで5名の方に頂き、いざ使ってみたら、もう手放せない!!
シーツ代わりに使えるし、家でのおむつ替えシートにも。ブランケットにもなるし、日差しよけにも。
BARNEYS NEW YORK
swaddle
aden+anais
お祝いで下さった方全員がaden+anaisのおくるみだったのですが、(まさかの柄かぶりなし!)
肌触りがめちゃくちゃ良い!! 洗濯前に自分でくるまってみたら、即寝しそうでした。モスリンコットンという生地なのですが、これのパジャマほしい。
敷く用とくるむ用で常に2枚使ってます。洗濯しても触り心地最高のままでうれしい!
巻いて寝かせたときの熟睡度がすごい。
モロー反射を防いでくれる。

かわいい

かわいいね
ほっぺとあごのライン
かわいいね
上から見ても
かわいいね
横から見ても
かわいいね
後ろから見ても
かわいいね
ギュッ
手首がぷっくりしてて
かわいいね
後ろから見る
お尻もかわいいね
360度
どこから見ても
かわいいなぁ

睡魔との戦い

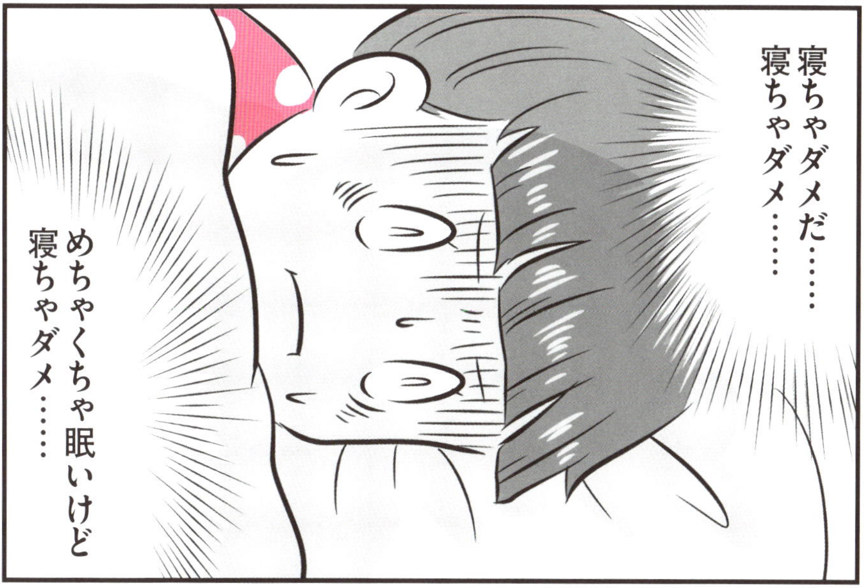
寝ちゃダメだ……
寝ちゃダメ……
めちゃくちゃ眠いけど
寝ちゃダメ……

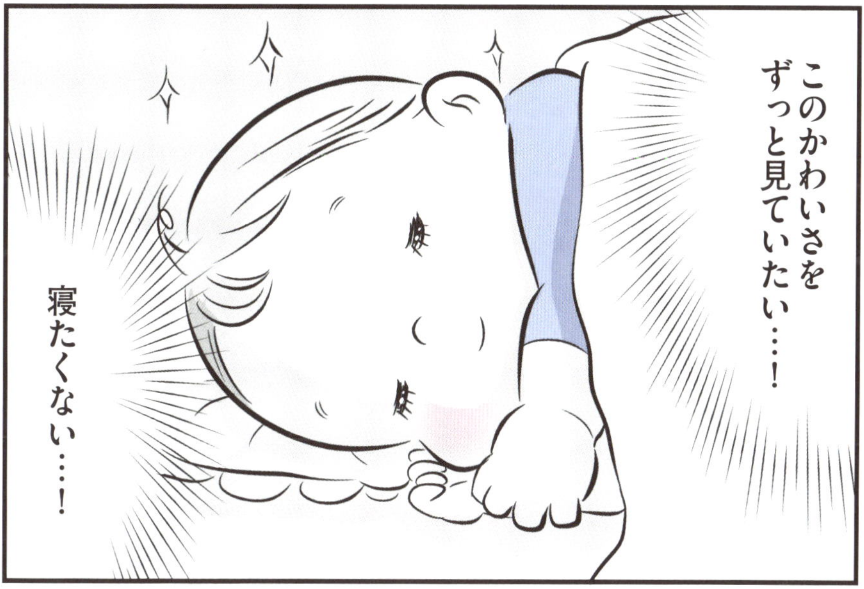
このかわいさを
ずっと見ていたい……！
寝たくない……！

初めての授乳室

Baby Room
授乳室あった！
ギャ
ギャ
ここで待ってるね～
フー……授乳室あってよかったね～
ごく ごく
落ち着いたね～
え！逆側からも母乳出てる！
タ、タオル！あれ？タオル持ってきたっけ？
ガーゼハンカチあったっけ？うわすごく濡れてる！
おまたせ……
びしゃ
えっどうしたの？

夏の授乳室

外出中―
オギャー
ギャー
暑い暑い
授乳室！授乳室！
この先 授乳室
男性の入室はご遠慮下さい。
授乳室あったよ！
オムツ交換台
そっちじゃダメ！
個別授乳室
こちらの個室はパパも一緒に入れます。
こっちこっち
ふぅ…暑い……
パタパタ
夏の授乳室もっと涼しくなりませんか？

たそがれ泣き

泣き止まないなぁ…
夕方に原因無く泣く黄昏泣きっていうのがあるらしいよ
まだ夕方じゃないのに泣き止まない
ちょっと早めの黄昏泣きかもね
夕日も沈んだのに泣き止まない
ちょっと遅めの黄昏泣きだ
AM4:00
この時間は逆黄昏泣きだね
黄昏泣きって便利だなぁ

ぎっくり背中

あっ
旦那がぎっくり背中になりました
すぐに整骨院に行ったものの絶対安静の旦那
私は育児、家事の手伝いと旦那の分まで働き仕事もしつつでヘトヘトに
や……やっと寝た…
こういうときに限ってグズる不思議…
ふぅ 疲れた。
お酒はダメだけどノンアルコールでも飲みたいな
つまみでも買ってこようかな
つまみ買いに行く元気はあるんですね

結局いつもコレ

ギャアアアアアア
ギャ
ギャ
ギャ
母乳もあげたし オムツも替えたし
熱もないし…
ギャー
ギャー
ギャー
どうして 泣き止まないの…
ダメだ…… 全然泣き止まない……
こんなに泣き止まないなんて…… 母親失格だよね……
ブリィィブブブ
泣き止まない原因は大抵う○ち

寝返り

先日息子と2人でベッドでゴロゴロしていたとき――
よく両手を吸ってる。
?
んー
んー
ブッ
えっ
コロン
ええっ
寝返った!

泣きの対決

ホギャアアアアア
ギャッギャ
よしよし
いつもホントかわいそうに泣くねぇ
うっうっ
たしかにすごくかわいそうだけど…
私だって本気出せば息子よりかわいそうに泣けるんじゃない…？
うっうっうっうぉーーん
うぉーん
ピタッ
……
ケケケッ
笑われた！

to be continued…

やっと寝たね～……
寝たね……
そーーっと……
そーーっと
そーーっと……
ほぎゃあああ
まるでB級パニック映画のラストシーンのよう

おわりに

お腹の子が男の子だとわかったとき、「子供をもつ」ということが、急に現実味を帯びてきました。旦那と一緒に過ごすようになって十年以上経っていましたが、この生活の中に新たな登場人物が出現するとはにわかには信じられず、私はお腹の子を「謎の人物」と称していたのです。しかし謎の人物とは言っても、自分のことよりもはるかに大事に思いながら生活していました。とは言え、一体このお腹の中の人がどんな人物なのか全くわからず、こんなに大事なのに概要が掴めないという、何とも不思議な初めての感覚だったのです。それがある日突然男の子とわかり、空白だった「謎の人物」のキャラ設定に初めて「男の子」という項目が足されました。空白だったときでさえかなりの愛情があったのに、性別が追加されただけで何倍もの愛おしさが増してくるとは。

そして、とうとう生まれてきてくれた息子は本当にかわいく、絶対に親バカにはなるまいと決意していた私の心は、1日で崩壊しました。見た目も、耳は旦那にそっくりだったのですが、それ以外は私の赤ちゃんの頃にそっくりで、生後2日目にして瞼に二重の線が出てきました。これは私にそっくりどころの話じゃないかもしれない…もしかして…平凡な見た目の両親から突然変異で「イケメン」が誕生してしまったのかもしれない、と突如不安になりました。私たち夫婦はどちらも「美しい人」としての人生を歩んできていないため、今後の息子の人生における悩みを分かち合ってあげられないかもしれない、と私は勝手に悩み始めてしまいました。

もしもジャニーズ事務所やLDHに所属するイケメンアイドルになってしまったら…と要らぬ心配をしていた生後1週間のある日、不思議なことに息子の瞼の二重の線が見当たらなくなっていました。消えていった二重の線と共に、我が家とジャニーズ事務所様及びLDH様とのご縁も遠のいていったのをしっかりと感じました。息子のグッズを買うために原宿駅前の公園で並ぶ自分や、中目黒でレモンサワー片手に打ち上げをする息子の姿まで想像していた私は文字通り親バカで、時間が経つにつれ旦那と私の面影がどんどん出てきた息子を見て、ようやく正気を取り戻すことができたのです。

この漫画は元々、旦那と新しいコンビを組み、それを世間に知っていただきたいとの気持ちからインスタグラムで描き始めたものです。そこから妊娠、出産と経てきましたが、ただただ私の平凡な生活を記録したものであり、決して育児に役に立つようなことは何もありません。しかし、育児の合間の息抜きに読んでもらいながら、もしも育児に疲れたときには、あんなバカな人いたな〜と思い出していただけたらこの上なく幸せです。結婚しない人生、子供をもたない人生、今はたくさんの選択肢がありますが、いろんな人の心に少しでも明るさをもたらせたらと思います。殆どの悩みは考えても仕方がないものだと、出産してからより一層思うようになりました。ハハハ！と笑っておいしいものを食べ、さっさと寝てしまうに限ります！

大貫さん

本書は著者のInstagramに投稿された漫画を
大幅に修正して、描き下ろしを加えたものです。

夫婦のじかん
大貫さん

1981年栃木県鹿沼市生まれ。
よしもとクリエイティブ・エージェンシー所属のお笑い芸人。
夫婦コンビ「夫婦のじかん」として活動中。
大貫ミキエ名義でイラストレーター、漫画家としても活動中。
Instagramアカウント　@ohnuki_fufutime
Twitterアカウント　@takada_ohnuki

母ハハハ！

2019年3月5日　第1刷

著者　夫婦のじかん　大貫さん
協力　夫婦のじかん　山西章博

デザイン　川名 潤
編集　熊谷由香理

発行人　井上 肇
発行所　株式会社パルコ　エンタテインメント事業部
〒150-0042　東京都渋谷区宇田川町15-1
電話　03-3477-5755

印刷・製本　株式会社加藤文明社

Printed in Japan

ISBN978-4-86506-294-6 C0095

落丁本・乱丁本は購入書店をご明記の上、小社編集部あてにお送りください。
送料小社負担にてお取り替えいたします。
〒150-0045　東京都渋谷区神泉町8-16　渋谷ファーストプレイス　パルコ出版　編集部